JF日本語教育スタンダード **B2** 단계

취업을 위한
일본어

자기분석에서
서류 · 면접대책
까지

はじめに

　日本同様、韓国でもまだまだ就職難の時代が続いています。そこで、大学で懸命に日本語を学ぶ学生のみなさんに、日本語が使えることでより多くのチャンスを掴んで就職活動を成功させて欲しい、明るい未来を切り開いて欲しいという願いを込めて作られたのが、本書『就職のための日本語』です。

　これまでにもビジネス日本語のテキストは数多く出版されてきましたが、その大半は就職後に必要な敬語や語彙を学ぶといった内容でした。しかし本書は、就職後ではなく就職前に役立てていただくことを目的にしているという点で、今までのテキストとは大きく異なります。就職活動に必要な日本語をただ漠然と学ばせるのではなく、就職活動に必要な知識を得たり練習をしたりしながら、順を追って習得できる構成になるよう工夫しました。

　まず第1章では自己分析・企業研究を順を追って行い、説得力のある履歴書やエントリーシートを書くための下地を作ります。続く第2章では書類審査で必要な書き言葉の日本語を学び、第3章では面接に必要な日本的マナーや話し言葉の日本語を学びます。テキストを一冊終える頃には、就職活動に必要な知識と技術の両方を習得し、自信を持って就職活動に取り組めるようになっていることでしょう。

　本書を就職目的のために使っていただくのはもちろん、みなさんが自分の大学生活を振り返り、今までの自分はどういう道を歩んできたのか、これからの自分はどういう道を歩んでいきたいのかということを考えるきっかけにしてみてください。そして、一生懸命に学んできた日本語を使って、自信を持って自分自身を表現できるようになっていただけたらと思います。

　本書が、日本語を学習する全ての大学生の皆さんにとって、日本語学習の、そして大学4年間の集大成となることを願っています。

著者　角ゆりか　大田祥江

머리말

한국도 일본처럼 여전히 취업이 어려운 시기가 이어지고 있습니다. 이에 대학에서 일본어를 열심히 배우고 있는 학생 여러분들에게 일본어를 사용해 보다 많은 기회를 살려 취업 활동에 성공하고, 밝은 미래를 개척해 나아가길 바라는 마음을 담아 집필한 책이 본 『취업을 위한 일본어』 입니다.

지금까지 비즈니스 일본어 교재는 많이 출판되었지만, 그 대부분은 취직 후에 필요로 하는 경어나 어휘를 학습하는 내용이었습니다. 그러나 본서는 취직 후가 아닌 취직 전에 도움을 주는 것에 목표를 두고 있다는 점이 지금까지의 교재와는 크게 다릅니다. 취업 활동에 필요한 일본어를 그저 막연하게 학습하도록 한 것이 아니라, 취업 활동에 필요한 지식을 얻기도 하고 연습도 하며 차례대로 습득할 수 있는 구성이 되도록 고안해 엮었습니다.

우선 제1장에서는 자기분석 · 기업연구를 순서대로 하며, 설득력 있는 이력서나 엔트리시트를 쓰기 위한 밑바탕을 만듭니다. 이어지는 제2장에서는 서류심사에서 필요한 일본어 문어를 배우고, 제3장에서는 면접에 필요한 일본식 매너와 구어체 일본어를 학습합니다. 교재를 한 권 끝낼 즈음에는, 취업 활동에 필요한 지식과 기술을 모두 습득하여, 자신감을 갖고 취업 활동에 임할 수 있을 것입니다.

본서를 취업을 위해 사용하는 것은 물론, 여러분이 자신의 대학생활을 돌아보고, 지금까지 자신은 어떤 길을 걸어왔는지, 이제부터 자신은 어떤 길을 걷고 싶은지를 생각하는 계기로 삼아주십시오. 그리고 열심히 학습한 일본어를 활용해 자신있게 자기 자신을 표현할 수 있게 되기를 바랍니다.

본서가 일본어를 학습하는 모든 대학생 여러분에게 일본어 학습의 집대성 그리고 대학 4년간의 집대성이 되기를 진심으로 바랍니다.

저자 스미 유리카 오타 요시에

本書のレベルについて

　本書は、国際交流基金がヨーロッパの言語教育の基盤であるＣＥＦＲの考え方を基礎にして開発した「ＪＦ日本語教育スタンダード」に準拠したレベル設定を行っています。ＪＦ日本語教育スタンダードでは、日本語の熟達度を「〜できる」という「Can-do」形式の文で示し、６つのレベルに分類しています。レベルは下から順に(A１、A２、B１、B２、C１、C２)の６つがありますが、本書は主にＢ２(中上級レベル)以上の学生を対象として設定し作りました。

　各章の頭には、Ｂ２レベルの学生にその章で達成して欲しい内容を「Can-do」のリストで５つずつ提示しました。学習をはじめる前と終了した後に、それぞれ自分の実力がどの程度かをチェックしてみてください。「Can-do」を意識しながら学習に取り組むことによって、日本語の熟達度を客観的に把握したり、今後の学習の目標を明確にしたりすることができるでしょう。また、他の人や他の機関とも目標や熟達度を共有できるようになります。学生のみなさんも教師の方も、ぜひ活用してみてください。

＜参考＞ ＣＥＦＲ共通参照レベル：全体的な尺度によるＢ２レベルの基準

B2	・自分の専門分野の技術的な議論も含めて、抽象的かつ具体的な話題の複雑なテクストの主要な内容を理解できる。 ・お互いに緊張しないで母語話者とやり取りができるくらい流暢かつ自然である。 ・かなり広汎な範囲の話題について、明確で詳細なテクストを作ることができ、さまざまな選択肢について長所や短所を示しながら自己の視点を説明できる。

본서의 레벨에 대해서

  본서는 국제교류기금이 유럽 언어교육의 기반인 CEFR 방식을 기초로 해서 개발한 「JF 일본어 교육 스탠다드」에 준거한 레벨로 설정이 되어 있습니다. JF 일본어 교육 스탠다드에서는 일본어 숙달도를 「~할 수 있다」는 「Can-do」 형식의 문장으로 나타내며, 6개 레벨로 분류합니다. 레벨은 아래부터 순서대로(A1, A2, B1, B2, C1, C2)의 6단계가 있습니다만, 본서는 주로 B2(중상급 레벨) 이상의 학생을 대상으로 설정해 만들었습니다.

  각 장의 첫머리에는 B2 레벨의 학생이 그 장에서 달성해야 할 내용을 「Can-do」 리스트로 5개씩 제시했습니다. 학습을 시작하기 전과 마친 후에 각각 자신의 실력이 어느 정도인지 확인해 보십시오. 「Can-do」를 의식하면서 학습에 임함으로써 일본어의 숙달도를 파악할 수 있으며 향후 학습 목표를 명확히 가질 수 있습니다. 또한 목표와 숙달도를 타인이나 타기관과도 연계해 공유할 수 있습니다. 학생 여러분도 교사도 부디 활용해 주시길 바랍니다.

<참고> CEFR 공통 참조 레벨 : 전체적인 척도에 의한 B2 레벨 기준

B2	・자신의 전문분야의 기술적인 토론도 포함한 추상적이고 구체적인 화제의 복잡한 문장의 주요 내용을 이해할 수 있다. ・서로 긴장하지 않고 일본어를 모국어로 하는 사람과 대화를 나눌 만큼 유창하며 자연스럽다. ・매우 광범위한 범위의 화제에 대해서 명확하고 상세한 문장을 만들 수 있고, 여러 가지 선택지에 대한 장단점을 제시하면서 자신의 관점을 설명할 수 있다.

수업 계획표

본서는 대학 3, 4학년용 수업에 이용할 수 있도록 구성되었습니다. 한 학기 15주 수업의 경우와 16주 수업 2가지 계획표를 제시했습니다. 이용시 참고하시기 바랍니다.

수업 계획표 예시 1 〈週1回、 3時間授業×15週〉

1 週目	オリエンテーション 1章 1課　成功体験
2 週目	1章 2課　困難にあった経験
3 週目	1章 3課　大学生活でがんばったこと
4 週目	1章 4課　好きなモノ・コト
5 週目	1章 5課　性格(長所・短所)
6 週目	1章 6課　キャリアプラン
7 週目	1章 7課　企業研究
8 週目	1章 8課　志望動機(中間試験はプレゼン活動の内容をレポートとして提出)
9 週目	2章 1課　応募書類の基礎知識 / 2課　書類の日本語
10週目	2章 3課　履歴書の書き方
11週目	2章 4課　エントリーシートの書き方 / 5課　提出方法・その他の文書
12週目	3章 1課　面接の基礎知識 / 3章 2課　面接の日本語
13週目	3章 3課　面接のマナー / 4課　面接の事例集
14週目	3章 5課　面接の練習(グループ)
15週目	期末試験　面接試験(教師1:学生1)

授業 計画表 예시 2　＜週２回、 ９０分授業×１６週＞

	1回目	2回目
1週目	オリエンテーション 1章 1課 成功体験 ①	1章 1課 成功体験 ②
2週目	1章 2課 困難にあった経験 ①	1章 2課 困難にあった経験 ②
3週目	1章 3課 大学生活でがんばったこと ①	1章 3課 大学生活でがんばったこと ②
4週目	1章 4課 好きなモノ・コト ①	1章 4課 好きなモノ・コト ②
5週目	1章 5課 性格(長所・短所) ①	1章 5課 性格(長所・短所) ②
6週目	1章 6課 キャリアプラン ①	1章 6課 キャリアプラン ②
7週目	1章 7課 企業研究	1章 8課 志望動機 ①
8週目	1章 8課 志望動機 ②	中間試験：プレゼンテーション
9週目	2章 1課 応募書類の基礎知識 2章 2課 書類の日本語 ①	2章 2課 書類の日本語 ②
10週目	2章 3課 履歴書の書き方	2章 4課 エントリーシートの書き方 ①
11週目	2章 4課 エントリーシートの書き方 ②	2章 5課 提出方法・その他の文書
12週目	3章 1課 面接の基礎知識	3章 2課 面接の日本語 ①
13週目	3章 2課 面接の日本語 ②	3章 3課 面接のマナー
14週目	3章 4課 面接の事例集 ①	3章 4課 面接の事例集 ②
15週目	3章 5課 面接の練習 ①	3章 5課 面接の練習 ②
16週目	期末試験 ① 面接(グループ)	期末試験 ② 面接(教師１：学生１)

이 책의 구성과 특징

① 이 책은 취업 활동에 필요한 지식과 기술을 익힐 수 있는 강의용 교재입니다.
② JF 일본어 교육 스탠다드 B2, 일본어 능력시험 N1 수준의 중·상급자용입니다.
③ 총 3장이며, 1장은 단독 구성, 2, 3장은 같은 구성으로 만들어졌습니다.
④ 부록에는 정답과 예시, 단어, 색인, 취업 활동 체험기를 실었습니다.

1장

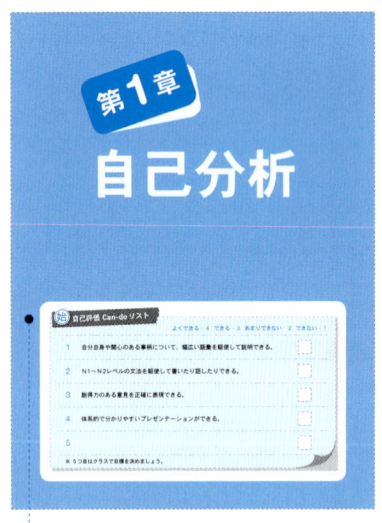

각 장에서 달성해야 할
목표를 실었습니다.

文型 각 과의 주제에 관련된 문형을 예문과
함께 제시하고, 연습문제를 실었습니다.

각 과의 개요를 설명합니다.

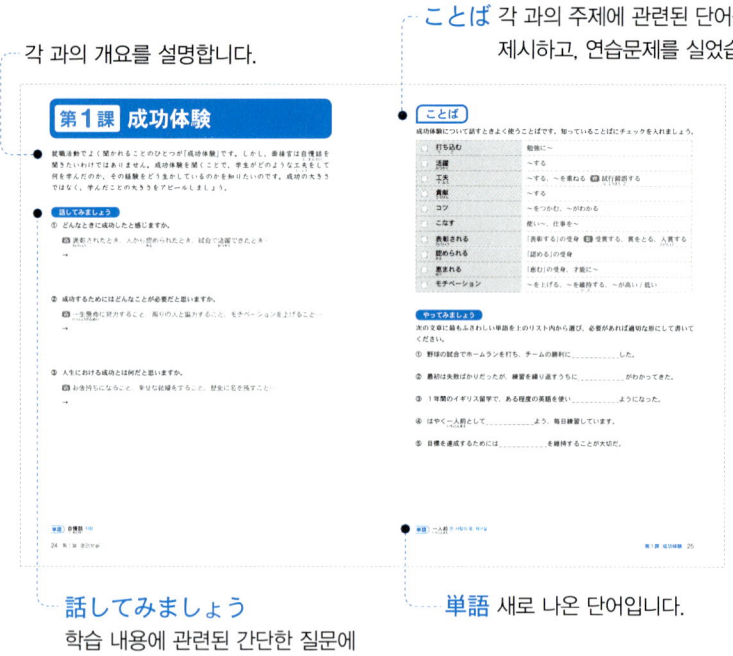

話してみましょう
학습 내용에 관련된 간단한 질문에
대해 이야기해 봅니다.

ことば 각 과의 주제에 관련된 단어를
제시하고, 연습문제를 실었습니다.

単語 새로 나온 단어입니다.

活動 짝을 이루거나 그룹을 지어 질의응답을 합니다.

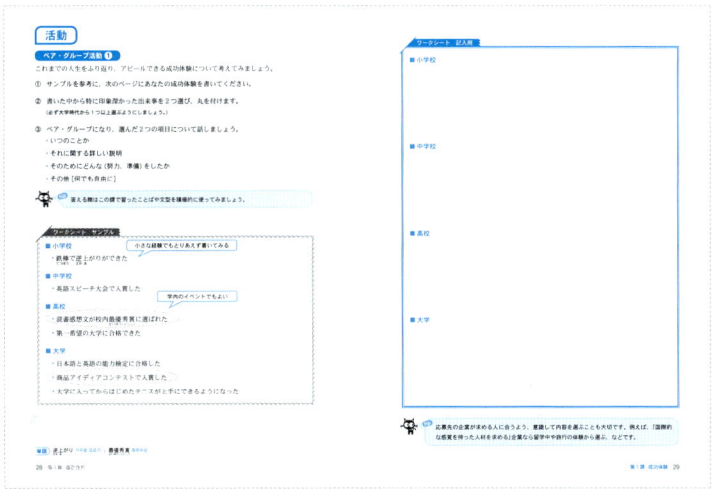

まとめ 학습한 내용을 정리합니다.

プレゼンテーション活動
1장을 정리해서 발표하는 코너입니다.

コラム 학습 내용에 관련된 간단한
읽을거리를 실었습니다.

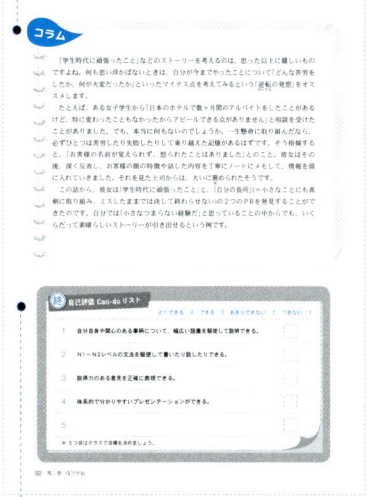

학습이 끝난 후에 목표를
달성했는지 체크합니다.

考えてみましょう 각 과에서 학습할 내용을 생각해 봅니다.

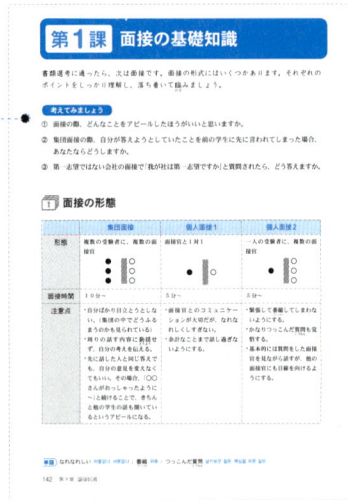

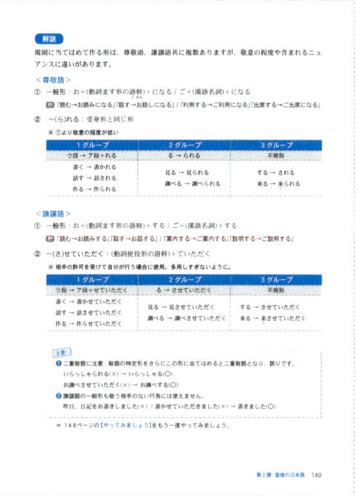

やってみましょう
각 과의 학습 내용을 간단한 문제로
풀어 봅니다.

解説 「やってみましょう」의 학습 내용을
자세하게 알아봅니다.

書いてみましょう
실제 사용되는 서류를 직접 써보는
연습을 합니다.

総合問題
중요 학습 내용을 종합 문제를 풀면서
다시 한번 확인합니다.

10

부록

해답 정답과 예시를 실었습니다.　　　　**ことば** 1장 「ことば」에 나오는 단어의 뜻을 실었습니다.

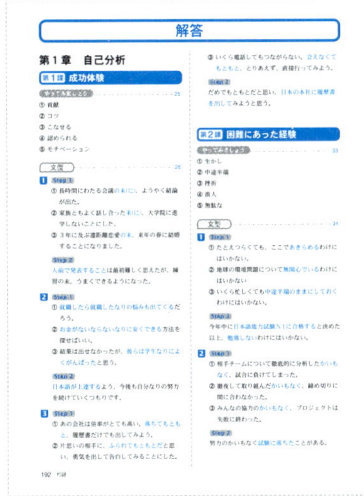

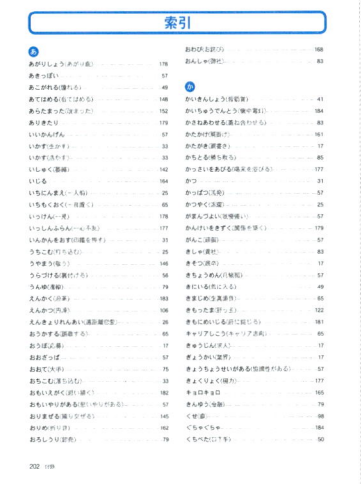

索引 새로 나온 단어와 1장 「ことば」의 단어를 히라가나 순으로 정리했습니다.

就職活動体験記 취업 활동 체험기를 일본어와 한국어 번역 두 가지를 실었습니다.

등장인물

かくた
角田（５３才）
サムソニー株式会社
人事課部長

キムキジュン
金基準（２６才）
多楽園大学 日本語日本文学科
４年生

イミナ
李美奈（２３才）
多楽園大学 日本学科
４年生

目次

就職活動を始める前に

具体的な学習を始める前に、就職活動(就活)の概要を理解しておきましょう。韓国
と日本では、就職活動の開始時期やエントリーシートの書き方、自己アピールの
仕方など、異なる点もたくさんあります。日本国内での就職を希望する人はもち
ろん、韓国にある日本企業への就職を目指す人も必要な知識や手順を頭に入れて
おき、より効果的な就職活動が行えるようにしましょう。

就職活動を始める前に

次の章から具体的な学習を始める前に、就職活動(就活)の概要を理解しておきましょう。韓国と日本では、就職活動の開始時期やエントリーシートの書き方、自己アピールの仕方など、異なる点もたくさんあります。日本国内での就職を希望する人はもちろん、韓国にある日本企業への就職を目指す人も、受験する際に必要な知識や手順を頭に入れておき、より効果的な就職活動が行えるようにしましょう。

日本国内での就職活動の時期

　大学生の多くは３年生の秋に就職説明会に参加したり、履歴書やエントリーシートを書き始めるなどの就活準備に入ります。４年生になる直前の３月になると採用情報の公開が一斉に解禁され、同時期に会社説明会やエントリーシートの提出などが始まります。選考については、2016年卒までは経団連(日本経済団体連合会)に加盟している企業を中心に４年生の８月から開始されていましたが、2017年卒からは２か月前倒しの６月スタートに変更されました。それにより、エントリーシート提出から選考までの期間が短くなり、採用までが短期決戦となっています。内定が出た後、学生は卒業論文を書きながら残りの大学生活を送り、翌年3月に卒業式を迎え、４月１日より一斉に新社会人となります。韓国のように大学卒業前に就職することはありません。

　以上は日本人学生向け就活の流れであり、外国人学生向けには特別枠を設けて採用を行っている企業もあるので、各企業の人事に早めに連絡を取って確認した方がいいでしょう。

＜就活スケジュール表＞

3年生				4年生									
11月	12月	1月	2月	3月	4月	5月	6月	7月	8月	9月	10月	11月	12月

就活準備・自己分析　→

合同説明会、ＯＢ訪問
ウェブでプレエントリー　→

ＥＳ、履歴書提出
各社説明会開始　→

選考開始
内定　→

＊ここ数年、採用情報解禁の時期や選考開始時期の見直しが頻繁に起きています。今後の動向について、注意してみておく必要があるでしょう。

履歴書・エントリーシート作成の流れ

　企業には膨大な数の履歴書やエントリーシートが寄せられますが、その中で人事担当者の目を引き、「この学生に会ってみたい」と思われる魅力的なものとは、一体どのようなものなのでしょうか。

　魅力的な履歴書、エントリーシートを作り上げるには、まず自分自身を知ることが第一です。自分は今までどんなことをしてきたのか、未来にどうなっていたいかまで項目ごとに考えます。その上で、自分が興味のある会社について研究し、自己分析の結果と照らし合わせて、その会社で自分はやりたい仕事や夢を叶えられるか、自分が持っている能力をどう生かせるかを分かりやすく書いていきます。漠然とした内容ではなく、具体的な情報を混ぜながら、「自分はこういう人間で、御社のためにこんなことができる」ということを、しっかりとアピールすることが大切です。

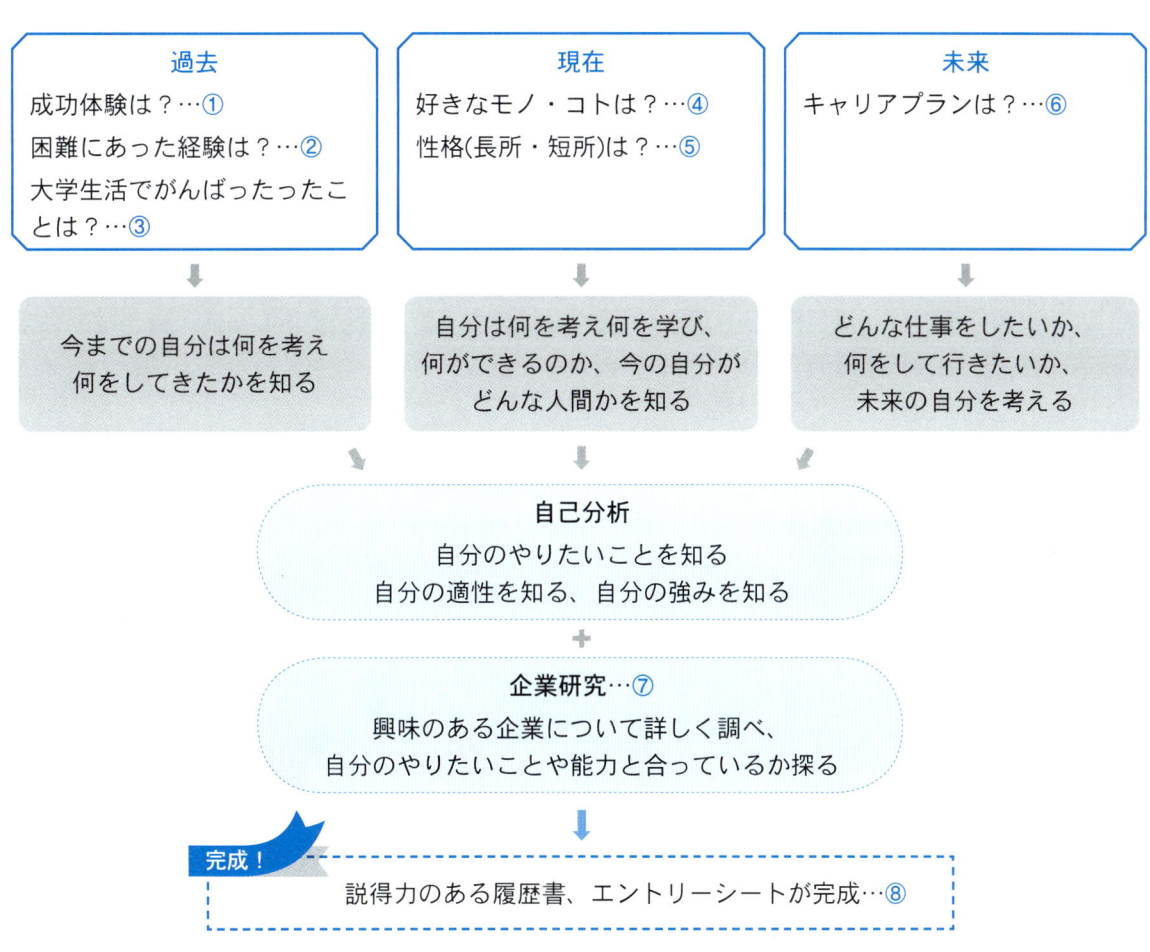

　本書の第1章「自己分析」では、上の表の①〜⑦を順を追って行い、第2章は説得力のある履歴書やエントリーシートを完成できるよう、また、第3章では自信を持って面接に臨めるよう工夫して構成されています。

自己分析の重要性

　自分に合う仕事に就くには、まず「自分はどんな人間か」を理解する必要があります。きちんと自己分析を行わずに履歴書を書いたり面接を受けてしまうと、途中で話に一貫性がなくなり、上手くいかなくなるものです。「自分はこういう人間で、こんなことができて、こんな風に働きたい」ということがはっきりと言えれば、自分を企業に売り込む際に説得力も増して、採用に繋がりやすくなるでしょう。また、自分の適性や将来設計に合わせた業種や会社を選ばないと、入社後、「こんなはずではなかった」と後悔することにもなりかねません。

韓国の大卒新入社員の離職率は
2年で75%に上ります。

日本の大卒新入社員の離職率は
3年で約30%です。

就職試験の流れ

　多くの企業では一次試験に「SPI」と呼ばれる中学・高校レベルの基礎的な学力検査を行います。二次試験以降では面接が複数回行われ、最終面接の多くは役員が出席します。近年は、従来の選考方法の他に、適性診断やグループディスカッション、グループワークなど、独自の方式で学生の能力を判断しようとする企業も増えています。

知っておくべき用語

① **会社説明会、就職説明会**
　各企業が就職を控えた大学生を対象に行う説明会のこと。「セミナー」とも呼ばれる。

② **OB・OG(Old Boy・Old Girl)訪問**
　自分が就職を希望する企業に就職している卒業生を訪問し、その企業の雰囲気や仕事について聞くこと。先輩の話を聞くことで、その企業が自分に合うかを判断したり、試験の突破方法をアドバイスしてもらうなど、就職活動において大切な活動。

③ **エントリーシート(ES・Entry Sheet)**
　主に大企業が独自に作成した応募用紙のこと。履歴書に書くような一般的な個人情報だけでなく、その企業に対する志望動機や自己PRを書く。一次選考に使われることが多い。

④ **SPI試験(Synthetic Personality Inventory)**
　企業が受験者の能力を測るため行う試験。適正(性格)テストと能力テストがある。
　適正テストは正直に答えることが大切で、能力テストは問題に慣れておくことが重要。

・「適正(性格)テスト」：仕事上の適性と性格の傾向などが一致しているかどうか意志・気質・情緒・適応性など、人の性格面を測定する検査
・「能力テスト」：潜在的に持っている能力を測定する検査で、知覚能力、言語的能力、数的能力、思考・推理能力、記憶力、注意力などの問題で構成されている

⑤ 面接試験

個人面接、集団面接、グループディスカッションなどがある。わざと高圧的な態度を取ったり、受験者の嫌がる内容を質問する「圧迫面接」が行われる場合もあるが、これは、プレッシャーや予測できない事態への反応、理不尽な状況に対してどう対応するか見たいためである。

その他、就職活動中によく見聞きする単語の意味をチェックしておきましょう。

応募 おうぼ	肩書き かたがき	既卒 きそつ	求人 きゅうじん	業界 ぎょうかい	採用 さいよう	締め切り しめきり	職種 しょくしゅ	書類 しょるい
審査 しんさ	人事 じんじ	新卒 しんそつ	担当 たんとう	提出 ていしゅつ	内定 ないてい	筆記 ひっき	募集 ぼしゅう	履歴書 りれきしょ

就職活動に役立つサイト

就職活動に役立つサイトをいくつか挙げておきますので、情報収集に活用してみてください。

＜日本サイト＞

・リクナビ　　　　　　　　http://www.rikunabi.com/
・マイナビ　　　　　　　　https://job.mynavi.jp/
・キャリスタ　　　　　　　https://job.career-tasu.jp/
・キャリアパーク　　　　　https://careerpark.jp/
・エントリーシート　　　　http://www.entry-sheet.com/
・J-JOB　　　　　　　　　http://www.j-job.jp/
・外国人留学生のための就活ガイド　　http://www.jasso.go.jp/ryugaku/study_j/job/guide.html
・外国人就職情報サイト NINJA　　　　https://nextinjapan.com/

＜韓国サイト＞

・대한민국 모든 일자리 정보　http://www.work.go.kr/
・고용노동부　　　　　　　http://www.moel.go.kr/
・사람인　　　　　　　　　http://www.saramin.co.kr/
・인쿠루트　　　　　　　　http://www.incruit.com/
・스카우트　　　　　　　　http://www.scout.co.kr/
・커리어　　　　　　　　　http://career.co.kr/

취업 활동을 시작하기 전에

다음 장에서 구체적인 학습을 시작하기 전에 취업 활동의 개요를 이해해 둡시다. 한국과 일본에서는 취업 활동을 시작하는 시기나 엔트리시트를 작성하는 법, 자신을 어필하는 방법 등 다른 점이 많이 있습니다. 일본내에서의 취업을 희망하는 사람은 물론, 한국에 있는 일본 기업에 취업하려는 사람도 수험할 때에 필요한 지식이나 순서를 알아두어서 더욱 효과적인 취업활동을 할 수 있도록 합시다.

일본 현지에서의 취업 활동 시기

대부분의 대학생이 3학년 가을부터 취업설명회에 참가하기도 하고, 이력서나 엔트리시트를 작성하기 시작하는 등 취업 활동 준비에 돌입합니다. 4학년이 되기 직전의 3월이 되면 일제히 채용 정보가 공개되며, 같은 시기 회사설명회나 엔트리시트 제출 등이 시작됩니다. 전형은 2016년 졸업자까지는 일본 경제 단체 연합회에 가맹한 기업을 중심으로 4학년인 시기의 8월부터 시작되었지만, 2017년 졸업부터는 두 달 앞당긴 6월부터 시작하는 것으로 변경되었습니다. 이로 인해 엔트리시트 제출부터 전형까지의 기간이 짧아져서 채용까지가 단기 결전이 되었습니다. 내정이 나온 후, 학생은 졸업 논문을 쓰면서 남은 대학생활을 보내고 이듬해 3월에 졸업식을 한 후 4월 1일부터 모두 함께 사회인으로 새 출발을 합니다. 한국처럼 대학을 졸업하기 전에 취직해 직장을 다니는 일은 없습니다.

이상은 대다수의 일본인 학생들이 하는 취업 활동의 전반적인 흐름이며, 외국인 학생을 대상으로는 특별채용 형식을 택하는 기업도 있으므로 각 기업의 인사담당자에게 서둘러 연락하여 특별채용의 유무를 확인하는 편이 좋습니다.

<취업 활동 스케줄>

3학년		4학년											
11월	12월	1월	2월	3월	4월	5월	6월	7월	8월	9월	10월	11월	12월

취업준비·자기분석

합동설명회, OB방문
웹에서 사전 등록

E S, 이력서 제출
각 회사 설명회 시작

전형 시작
내정

*최근 몇 년 동안 채용 정보를 공개하는 시기와 전형을 시작하는 시기의 재검토가 빈번하게 일어나고 있습니다. 앞으로의 동향에 대해 주의해 살펴둘 필요가 있습니다.

기업에는 어마어마하게 많은 이력서와 엔트리시트가 보내지는데 그중에서 인사담당자의 눈을 끌어 '이 학생을 한번 만나보고 싶다'는 생각이 들게 하는 매력적인 것이란 도대체 어떤 것일까요?

매력적인 이력서, 엔트리시트를 만들기 위해서는 무엇보다 자기 자신을 알아야 할 필요가 있습니다. 자신은 지금까지 어떤 일을 해 왔는가, 미래에는 어떻게 되고 싶은가에 이르기까지 항목별로 생각해 봅니다. 그리고 나서 관심이 있는 회사에 대해 연구하고, 자기분석 결과와 비교하여 그 회사에서 자신이 하고 싶은 일이 무엇인지, 자신의 꿈을 이룰 수 있는지, 자신이 가진 능력을 어떻게 활용할 수 있는지를 알기 쉽게 써 내려갑니다. 막연한 내용이 아닌 구체적인 정보를 함께 제시하면서 '저는 이런 사람이며, 귀사를 위해 이런 일을 할 수 있다'는 사실을 확실하게 어필하는 것이 중요합니다.

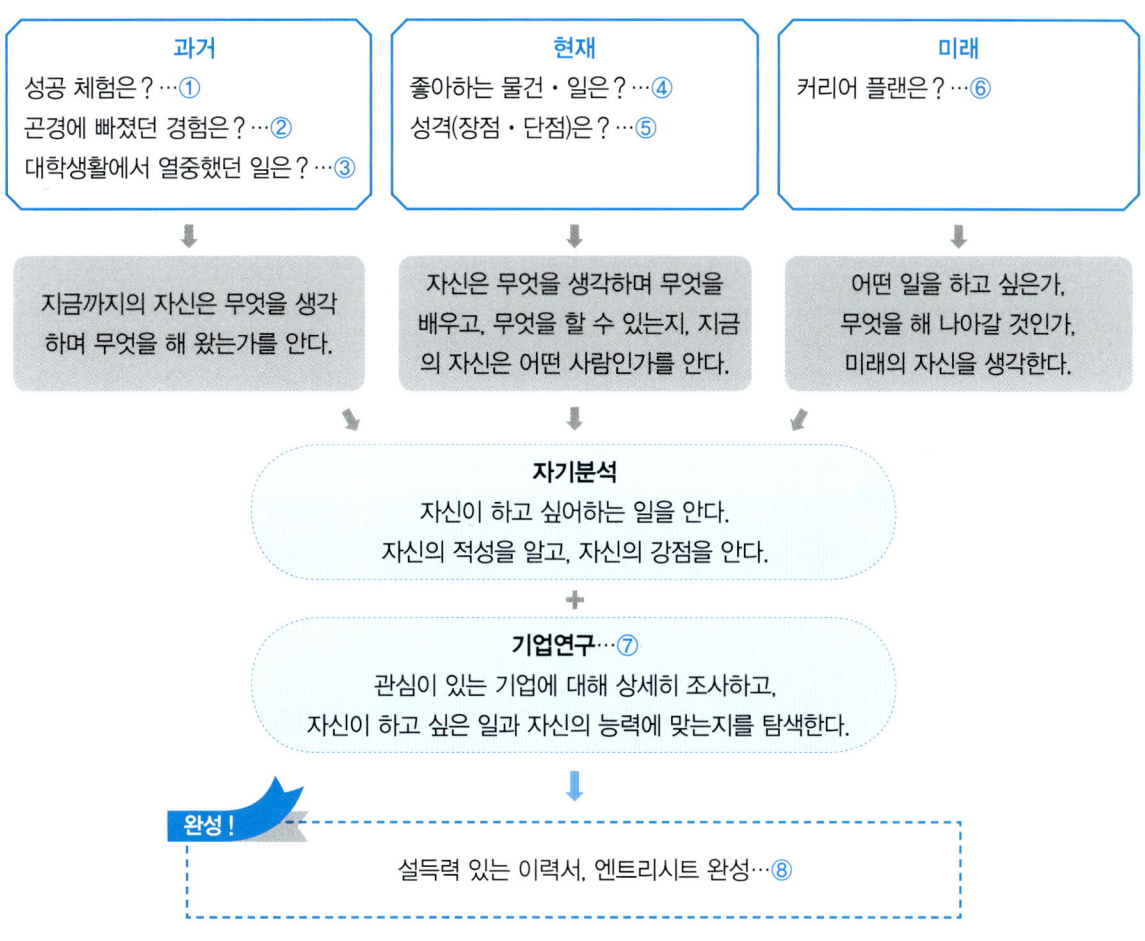

본서의 제1장 「자기분석」에서는 위의 표 ①~⑦을 순서에 따라 설명하고, 제2장은 설득력 있는 이력서 및 엔트리시트를 완성할 수 있도록 하며, 또, 제3장에서는 자신을 갖고 면접에 임할 수 있도록 고안해서 구성되어 있습니다.

자기분석의 중요성

자신에게 맞는 직업을 갖기 위해서는 우선 '자신이 어떤 사람인가'를 이해할 필요가 있습니다. 정확한 자기분석을 하지 않고 이력서를 작성하거나 면접을 보게 되면, 이야기에 일관성이 없어 횡설수설하게 되는 경우가 많습니다. '자신은 이런 사람이며, 이런 일을 할 수 있고, 이렇게 일을 하고 싶다'는 것을 명확히 말할 수 있다면 자신을 기업에 알릴 때 설득력도 더해져 채용과 직결됩니다. 또한, 자신의 적성과 미래 설계에 맞는 직종과 회사를 선택하지 않으면 입사 후 '내가 원하는 건 이런 게 아니었는데.'라며 후회하게 됩니다.

한국의 대졸 신입사원 중 2년 안의 이직율은 약 75%에 이른다.

일본의 대졸 신입사원 중 3년 안의 이직율은 30%이다.

취직시험의 흐름

많은 기업에서 1차 시험으로「SPI」라 불리는 중·고등학교 수준의 기초적인 학력검사를 합니다. 2차 시험 이후에는 면접이 수차례에 걸쳐 행해지며, 대부분의 최종면접에는 임원이 면접관으로 나오게 됩니다. 최근에는 기존의 시험방법 외에 적성검사나 그룹 토론, 그룹 워크 등 독자적인 방식으로 학생의 능력을 판단하는 기업도 늘고 있습니다.

알아 두어야 할 용어

① 회사설명회, 취업설명회

각 기업이 취직을 앞둔 대학생을 대상으로 하는 설명회를 말한다.「세미나」라고도 한다.

② OB·OG(Old Boy·Old Girl) 방문

자신이 취직을 희망하는 기업에서 근무하고 있는 졸업생을 방문해, 그 기업의 분위기나 업무에 대해 묻는 것. 선배의 이야기를 듣고 그 기업이 자신에게 맞는가를 판단하기도 하고 시험의 합격 비법에 대해 조언을 듣는 등 취업 활동에서 중요한 역할을 한다.

③ 엔트리시트(ES·Entry Sheet)

주로 대기업이 독자적으로 만든 응모 용지를 말한다. 이력서에 적는 일반적인 개인 정보뿐 아니라 그 기업에의 지망 동기나 자기 PR 등을 적는다. 1차 전형으로 사용되는 일이 많다.

④ SPI시험(Synthetic Personality Inventory)

기업이 구직자의 능력을 측정하기 위해 치르는 시험. 적성(성격) 테스트와 능력 테스트가 있다. 적성 테스트는 솔직하게 답하는 것이 중요하며, 능력 테스트는 문제에 익숙해지는 것이 중요하다.

- 적성(성격) 테스트 : 업무상 적성과 성격의 경향 등이 일치하는지 의지·기질·정서·적응도 등 사람의 성격을 측정하는 검사
- 능력 테스트 : 잠재적으로 지니고 있는 능력을 측정하는 검사로 지각 능력, 언어 능력, 수리 능력, 사고·추리 능력, 기억력, 주의력 등의 문제로 구성되어 있다.

⑤ 면접시험

개인면접, 집단면접, 그룹 토론 등이 있다. 일부러 고압적인 태도를 보이거나 응시자가 싫어하는 내용에 관해 질문하는 '압박면접'이 행해지는 경우도 있지만, 여기에는 부담이나 예측하지 못하는 사태에 대한 수험자의 반응, 부당한 상황에 대해 어떻게 대응하는가를 보려는 의도가 숨겨져 있다.

그 외 취업 활동 중 흔히 접하는 단어를 확인해 두자.

応募 おうぼ 응모	肩書き かた が 직함, 지위	既卒 き そつ 기졸업자	求人 きゅうじん 구인	業界 ぎょうかい 업계	採用 さいよう 채용	締め切り し き 마감	職種 しょくしゅ 직종	書類 しょるい 서류
審査 しん き 심사	人事 じんじ 인사	新卒 しんそつ 신규졸업자	担当 たんとう 담당	提出 ていしゅつ 제출	内定 ないてい 내정	筆記 ひっき 필기	募集 ぼ しゅう 모집	履歴書 り れきしょ 이력서

취업 활동에 도움이 되는 사이트

취업 활동에 도움이 되는 사이트 중 대표적인 것만을 추려 실어두었으므로 정보수집에 활용하자.

<일본 사이트>

- リクナビ   http://www.rikunabi.com/
- マイナビ   https://job.mynavi.jp/
- キャリスタ   https://job.career-tasu.jp/
- キャリアパーク   https://careerpark.jp/
- エントリーシート   http://www.entry-sheet.com/
- J-JOB   http://www.j-job.jp/
- 外国人留学生のための就活ガイド   http://www.jasso.go.jp/ryugaku/study_j/job/guide.html
- 外国人就職情報サイト NINJA   https://nextinjapan.com/

<한국 사이트>

- 대한민국 모든 일자리 정보   http://www.work.go.kr/
- 고용노동부   http://www.moel.go.kr/
- 사람인   http://www.saramin.co.kr/
- 인쿠루트   http://www.incruit.com/
- 스카우트   http://www.scout.co.kr/
- 커리어   http://career.co.kr/

第1章

自己分析

始 **自己評価 Can-do リスト**

よくできる：4　できる：3　あまりできない：2　できない：1

1	説得力をもって人前で主張を展開でき、質問やコメントに応じ、複雑な質問や意見にも、適切かつ流暢に答えることができる。	☐
2	高い文法・語彙駆使力を用いて話すことができる。時には言い間違いや、文構造の誤り、不備が見られる場合があるが、後で見直せば訂正できるものが多い。	☐
3	与えられたテーマについて、きちんと構成されたプレゼンテーションができる。補助事項、理由、関連事例を詳しく説明し、論を展開し、立証できる。	☐
4		☐

※ 4つ目はクラスで目標を決めましょう。

第1課 成功体験

就職活動でよく聞かれることのひとつが「成功体験」です。しかし、面接官は自慢話を聞きたいわけではありません。成功体験を聞くことで、学生がどのような工夫をして何を学んだのか、その経験をどう生かしているのかを知りたいのです。成功の大きさではなく、学んだことの大きさをアピールしましょう。

話してみましょう

① どんなときに成功したと感じますか。

例 表彰されたとき、人から認められたとき、試合で活躍できたとき…

→

② 成功するためにはどんなことが必要だと思いますか。

例 一生懸命に努力すること、周りの人と協力すること、モチベーションを上げること…

→

③ 人生における成功とは何だと思いますか。

例 お金持ちになること、幸せな結婚をすること、歴史に名を残すこと…

→

単語 自慢話 자랑

ことば

成功体験について話すときよく使うことばです。知っていることばにチェックを入れましょう。

☐	打ち込む うこ	勉強に〜
☐	活躍 かつやく	〜する
☐	工夫 くふう	〜する、〜を重ねる　類 試行錯誤する しこうさくご
☐	貢献 こうけん	〜する
☐	コツ	〜をつかむ、〜がわかる
☐	こなす	使い〜、仕事を〜
☐	表彰される ひょうしょう	「表彰する」の受身　類 受賞する、賞をとる、入賞する にゅうしょう
☐	認められる みと	「認める」の受身
☐	恵まれる めぐ	「恵む」の受身、才能に〜
☐	モチベーション	〜を上げる、〜を維持する、〜が高い / 低い いじ

やってみましょう

次の文章に最もふさわしい単語を上のリスト内から選び、必要があれば適切な形にして書いてください。

① 野球の試合でホームランを打ち、チームの勝利に＿＿＿＿＿＿した。

② 最初は失敗ばかりだったが、練習を繰り返すうちに＿＿＿＿＿＿がわかってきた。

③ １年間のイギリス留学で、ある程度の英語を使い＿＿＿＿＿＿ようになった。

④ はやく一人前として＿＿＿＿＿＿よう、毎日練習しています。
　　いちにんまえ

⑤ 目標を達成するためには＿＿＿＿＿＿を維持することが大切だ。

単語　一人前 한 사람의 몫, 제구실
　　　いちにんまえ

成功体験について話すときよく使う文型

1 ～末(に) ～한 끝에
すえ

· 猛練習の末、やっとうまく使いこなすためのコツがつかめた。
もうれんしゅう

· 100社近い会社の面接を受けた末に、ついに採用がもらえた。
めんせつ

Step 1 「～末に」を使って文章を完成させてください。

① 長時間にわたる会議 / ようやく結論が出た。

→ _____。

② 家族ともよく話し合う / 大学院に進学しないことにした。

→ _____。

③ 3年に及ぶ遠距離恋愛 / 来年の春に結婚することになりました。
えんきょり れんあい

→ _____。

Step 2 あなた自身のことについて書いてみましょう。

_____は最初難しく思えたが、練習の末、うまくできるようになった。

2 ～なりに・～なりの ～나름대로, ～나름의

· 少しずつでも、自分なりに前進していけるようがんばります。

· 中小企業には中小企業なりの良さがある。

Step 1 次の語を正しい順に並び替えてください。

① (悩みも / 就職したら / なりの / 出てくる / 就職した) だろう。

→ _____。

② (なら / ない / できる / なりに / 安く / お金がない) 方法を探せばいい。

→ _____。

単語 猛練習 맹연습 | 遠距離恋愛 원거리연애
もうれんしゅう   えんきょり れんあい

③ 結果は出せなかったが、（よく / 彼らは / がんばった / 学生なりに）と思う。

→ _____。

Step 2 あなたの考えを書いてみましょう。

_____よう、今後も自分なりの努力を続けていくつもりです。

3　～て(も)もともと　～해도 본전치기다, ~해도 손해가 없다

・ビリでもともとだと思い大会に参加したが、運に恵まれ３位入賞した。

・次の試合相手は昨年の優勝チーム。負けてもともとだから、思い切ってやろう。

Step 1 （　　）を「～て(も)もともと」を使って書き換えてください。

① あの会社は倍率がとても高い。(落ちる)、履歴書だけでも出してみよう。

→ _____。

② 片思いの相手に、(ふられる)と思い、勇気を出して告白してみることにした。

→ _____。

③ いくら電話してもつながらない。(会えない)、とりあえず、直接行ってみよう。

→ _____。

Step 2 あなたの考えを書いてみましょう。

だめでもともとだと思い、_____みようと思う。

単語　ビリ 꼴찌

活動

ペア・グループ活動 ①

これまでの人生をふり返り、アピールできる成功体験について考えてみましょう。

① サンプルを参考に、次のページにあなたの成功体験を書いてください。

② 書いた中から特に印象深かった出来事を２つ選び、丸を付けます。
（必ず大学時代から１つ以上選ぶようにしましょう。）

③ ペア・グループになり、選んだ２つの項目について話しましょう。
- いつのことか
- それに関する詳しい説明
- そのためにどんな（努力、準備）をしたか
- その他［何でも自由に］

 tip 答える際はこの課で習ったことばや文型を積極的に使ってみましょう。

ワークシート サンプル

■ **小学校**
> 小さな経験でもとりあえず書いてみる
- 鉄棒で逆上がりができた
  てつぼう　さか あ

■ **中学校**
- 英語スピーチ大会で入賞した

> 学内のイベントでもよい

■ **高校**
- 読書感想文が校内最優秀賞に選ばれた
  さいゆうしゅうしょう
- 第一希望の大学に合格できた

■ **大学**
- 日本語と英語の能力検定に合格した
- 商品アイディアコンテストで入賞した
- 大学に入ってからはじめたテニスが上手にできるようになった

単語　逆上がり 거꾸로 오르기 ｜ 最優秀賞 최우수상
　　　さか あ　　　　　　　　　　さいゆうしゅうしょう

■ 小学校

■ 中学校

■ 高校

■ 大学

 tip 応募先の企業が求める人に合うよう、意識して内容を選ぶことも大切です。例えば、「国際的な感覚を持った人材を求める」企業なら留学中や旅行の体験から選ぶ、などです。

前のページで話した２つの項目の中から、特に印象深かったものをパートナーと相談しながら１つだけ選びます。その注目ワードについてさらに面白くて個性が感じられる話が引き出せるよう、パートナーは効果的な質問を３つ考えて書いてください。

ワークシート サンプル

注目ワード：商品アイディアコンテスト入賞

■ 質問

① どういうきっかけで作ろうと思ったのですか。

② どこでコンテストの情報を得たのですか。

③ 勝因は何ですか。
しょういん

ワークシート 記入用

注目ワード：_____

■ 質問

①

②

③

単語 勝因 승인(승리의 요인)
しょういん

まとめ

この課で考えてきた自分自身に関する内容を各項目別に、箇条書きでまとめてみましょう。
最後の項目は30ページの【活動②】で出た質問の中から選びましょう。

■ **成功体験**

例 商品アイディアコンテストの文房具部門に応募して入賞

_____

_____

■ **それについての詳しい説明**

例 履歴書を手書きで書き終えた後、印鑑を押すときに失敗して一から書き直した経験
から、きれいに消せるスタンプインクがあればいいのにと思った。

_____

_____

■ **工夫したこと**

例 似ている商品との違いをアピールした。

_____

_____

■ **経験から得たこと**

例 アイディアは日常生活の色々なところに転がっている。

_____

_____

■ **質問[   ]**

例 質問［③ 勝因は何か］→ 実用的、かつ個性的な商品を提案した。

_____

_____

単語 印鑑を押す 도장을 찍다 ｜ かつ 또한, 게다가

第2課 困難にあった経験

失敗・苦労・挫折など「困難にあった経験」についての質問には、その出来事から何を学び、どう乗りこえてきたのかを話すことが重要です。つらかった経験はもう二度と思い出したくないという気持ちもあるかもしれませんが、失敗した内容が大きければ大きいほど、それを乗りこえた今をアピールできます。

話してみましょう

① 困難というとどのようなことを思い浮かべますか。

例 経済的な困難、複雑な人間関係、不安定な未来…

→

② 困難を乗りこえるためにどんなことが必要だと思いますか。

例 原因を徹底的に分析すること、状況がよくなるまで耐えること、周りの人に助けを求めること…

→

③ 困難を乗りこえた有名人というと誰を思い浮かべますか。

例 三重苦を乗りこえたヘレン・ケラー

→

単語 三重苦 삼중고
さんじゅうく

ことば

困難について話すときよく使うことばです。知っていることばにチェックを入れましょう。

☐	生かす(活かす) い　　い	経験を〜、材料を〜
☐	落ち込む お　こ	類 がっかりする
☐	悔しい くや	〜思いをする
☐	克服 こくふく	〜する　類 乗り越える の　こ
☐	挫折 ざ　せつ	〜する、〜を味わう、〜を乗り越える
☐	耐える た	類 我慢する が　まん
☐	中途半端 ちゅう と はん ば	類 いい加減 か　げん
☐	徹底 てってい	〜する、〜的
☐	無駄 む　だ	〜になる、〜にする
☐	浪人 ろうにん	〜する、一浪、二浪、三浪

やってみよう

次の文章に最もふさわしい単語を上のリスト内から選び、必要があれば適切な形にして書いてください。

① 大学で学んだことを仕事に＿＿＿＿＿＿＿＿＿＿＿＿たいと思っている。

② そんな＿＿＿＿＿＿＿＿＿＿な気持ちでは何事も成功しない。

③ ＿＿＿＿＿＿＿＿＿＿を乗り越えて強くなった。

④ 第一希望の大学に合格できなかったので、＿＿＿＿＿＿＿＿＿＿することにした。

⑤ 人生には＿＿＿＿＿＿＿＿＿＿ものなどなく、いつか必ず役に立つ。

困難について話すときよく使う文型

1 ～わけにはいかない ～할 수는 없다

・一度失敗したからといって、あきらめるわけにはいかない。

・今年こそ合格するとみんなの前で宣言した以上、勉強しないわけにはいかない。
せんげん

Step 1 ＿＿＿＿に入ることばを考えて入れてください。

① たとえつらくても、ここで＿＿＿＿＿＿＿＿＿＿＿＿＿＿わけにはいかない。

② 地球の環境問題について＿＿＿＿＿＿＿＿＿＿＿＿＿＿わけにはいかない。

③ いくら忙しくても＿＿＿＿＿＿＿＿＿＿＿＿＿わけにはいかない。

Step 2 あなた自身のことについて書いてみましょう。

今年中に＿＿＿＿＿＿＿＿＿＿＿＿＿と決めた以上、＿＿＿＿＿＿＿＿＿＿＿＿＿わけには
いかない。

2 ～かいもなく ～한 보람도 없이

・あれほどがんばったのに、苦労のかいもなく、失敗に終わった。

・努力したかいもなく、今回は結果が出せませんでした。

Step 1 「～かいもなく」を使って文章を完成させてください。

① 相手チームについて徹底的に分析する / 試合に負けてしまった。

→ ＿＿＿＿＿＿＿＿＿＿＿＿＿＿＿＿＿＿＿＿＿＿＿＿＿＿＿＿＿＿＿＿＿＿＿＿。

② 徹夜して取り組む / 締め切りに間に合わなかった。

→ ＿＿＿＿＿＿＿＿＿＿＿＿＿＿＿＿＿＿＿＿＿＿＿＿＿＿＿＿＿＿＿＿＿＿＿＿。

単語 宣言 선언
せんげん

③ みんなの協力 / プロジェクトは失敗に終わった。

→ _____。

Step 2 あなた自身のことについて書いてみましょう。

努力のかいもなく_____ことがある。

3 **〜をふまえ(て)** 〜에 근거해서, 〜에 입각하여

・今回の失敗をふまえ、二度と同じことを繰り返さないようにしよう。

・東日本大震災の経験をふまえて、非常時の備えをしておくことにした。

Step 1 次の語を正しい順に並び替えてください。

① (をふまえ、/ 皆さんからの / やり方を / 意見 / 修正して) いこうと思っています。

→ _____。

② (対策 / 現場からの / をふまえ、/ 今後の / 報告) を話し合った。

→ _____。

③ 前回の大会の (をふまえて、/ 反省点 / 改善して / 大会から / 次回の) いくつもりです。

→ _____。

Step 2 あなた自身のことについて書いてみましょう。

_____経験をふまえ、日本での就職活動に臨みたいと思います。

活動

ペア・グループ活動 ❶

これまでの人生をふり返り、アピールできる困難にあった経験について考えてみましょう。

① サンプルを参考に、次のページにあなたの困難にあった経験を書いてください。

② 書いた中から特に印象深かった出来事を2つ選び、丸を付けます。
（必ず大学時代から1つ以上選ぶようにしましょう）

③ ペア・グループになり、選んだ2つの項目について話しましょう。
- ・いつのことか
- ・それに関する詳しい説明
- ・それを克服するためにどんな(努力、工夫)をしたか
- ・その他 [何でも自由に]

tip　答える際はこの課で習ったことばや文型を積極的に使ってみましょう。

┌─ ワークシート　サンプル ─

■ 小学校
- ・体育の授業がつらかった

■ 中学校
- ・バレーボールを始めたが中途半端のままやめてしまった

■ 高校
- ・第一希望の大学に入学することができなかった

■ 大学
- ・まじめにがんばったのに、成績があまりよくなかった

  成果が出せなかったことについても書いてみましょう
- ・日本に留学した際、思うようにことばが通じなくて落ち込んだ
- ・学生会会長になって人間関係で悩んだ

  自分が悩み苦しんだことも困難の経験と言えます

■ 小学校

■ 中学校

■ 高校

■ 大学

 tip 困難・失敗・挫折の経験を話す際には、苦労話で終わるのではなく、どう乗りこえたかを中心に話さなければいけません。

ペア・グループ活動 ❷

前のページで話した2つの項目の中から、特に印象深かったものをパートナーと相談しながら1つだけ選びます。その注目ワードについてさらに面白くて個性が感じられる話が引き出せるよう、パートナーは効果的な質問を3つ考えて書いてください。

ワークシート　サンプル

注目ワード：学生会での人間関係

■ 質問

① 人間関係が複雑になった原因はなんだと思いますか。

② 人間関係の回復に向けて、積極的に起こした行動はありましたか。

③ 逆に、黙って耐えることで、うまくいったことはありますか。

ワークシート　記入用

注目ワード：_____

■ 質問

①

②

③

まとめ

これまでの内容を各項目別に、箇条書きでまとめてみましょう。最後の項目は３８ページの【活動②】で出た質問の中から選びましょう。

■ 困難の経験

例 学生会で会長をやっていたとき、他のメンバーとの人間関係が悪くなった。

_____

_____

■ それについての詳しい説明

例 会議中の配慮不足が原因で、メンバーと対立が起こり、苦しい立場に立たされた。
　　はいりょ

_____

_____

■ それを克服するためにしたこと

例 自分の意見に自信を持っていたが、メンバー全員の意見を時間をかけて聞いて理解するようにした。

_____

_____

■ 経験から得たこと

例 相手の話を受け入れる重要さに気づいた。

_____

_____

■ 質問[　　　　　　　　　　　　　　　　　　　　　　　　　　　　　]

例 質問[② 人間関係の回復に向けて、積極的に起こした行動はありましたか。]
　　→ 自分の主張をすることをやめて、まずは相手の話から聞くことにした。

_____

_____

単語　配慮 배려
　　　はいりょ

第3課 大学生活でがんばったこと

大学時代をふりかえって、印象に残っていること、がんばったことについて思い出してみましょう。特別なことでなくても、授業やサークルなど、身近な出来事の中にも自分なりに学んだことが必ずあるはずです。その経験から何を学んだのかをしっかり伝えることが重要です。

話してみましょう

① 大学生活を振り返ってみて、全体的にどうでしたか。

例 とても充実していた、授業に情熱を注いできた…
　　 じゅうじつ　　　　　　　　じょうねつ　そそ

　　→

② 一番忙しかった時期はいつですか。それはどうしてですか。

例 3年生の頃。授業とアルバイト、資格を取るための勉強など、同時に多くのことをしていたから…

　　→

③ 大学生活を過ごす上で、大切なこととはどんなことだと思いますか。

例 たくさんの人と触れ合うこと、いろいろな活動に参加すること、語学力を磨くこと…
　　　　　　　　　　ふ　あ　　　　　　　　　　　　　　　　　　　　　　　　　　みが

　　→

単語 触れ合う 접촉하다, (마음이) 서로 통하다
　　　 ふ　あ

ことば

がんばったことについて話すときよく使うことばです。知っていることばにチェックを入れましょう。

☐	皆勤賞 かいきんしょう	
☐	語学力 ご がくりょく	〜を磨く / つける / のばす みが
☐	資格 し かく	〜を取る / 取得する、資格証を取る(×) と しゅとく
☐	充実 じゅうじつ	〜する
☐	奨学金・奨学生 しょうがくきん しょうがくせい	類 スカラシップ
☐	情熱 じょうねつ	〜を注ぐ / 傾ける そそ かたむ
☐	務める つと	類 担う、遂行する にな すいこう
☐	取り組む と く	一生懸命〜
☐	忍耐 にんたい	類 我慢 が まん
☐	やりがい	〜がある、〜を感じる(○)、甲斐を感じる(×) か い

やってみましょう

次の文章に最もふさわしい単語を上のリスト内から選び、必要があれば適切な形にして書いてください。

① 学生時代はいろいろな活動に積極的に _____。

② 収入は少なくても _____ がある仕事に就きたい。

③ 一度も休まなかったので、卒業式では _____ をもらった。

④ 所属していたサークルで代表を _____ 経験がある。

⑤ この雑誌は情報が豊富で _____ している。

がんばったことについて話すときよく使う文型

1 〜おかげで　〜덕택에, 〜덕분에

・学生生活ではいい人たちと出会えたおかげで、とても楽しく過ごせた。

・先輩のアドバイスのおかげで、自分の弱点に気づくことができた。

Step 1 「〜おかげで」を使って文章を完成させてください。

① 友達が手伝ってくれる / レポートの締め切りに間に合った。

→ _____。

② みんなの協力 / イベントは大成功に終わった。

→ _____。

③ 今年の問題は例年に比べて簡単 / 試験に合格できた。

→ _____。

Step 2 あなた自身のことについて書いてみましょう。

_____おかげで、日本語を楽しみながら学ぶことができた。

2 〜ながらも　〜면서도, 〜지만

・学生時代は忙しいながらも、充実した日々を過ごしました。

・彼は貧乏ながらも幸せな一生を送った。

Step 1 (　　　)内のことばを「〜ながらも」を使い、適切な形にして文章を完成させてください。

① 木村さんはいつも (時間がないと言う)、けっこう遊んでいるようだ。

→ _____。

② これは (大変だ)、社会に貢献できるやりがいのある仕事だ。

→ _____。

③ 彼はまだ (学生である)、すばらしい技術を持っている。

→ _____。

Step 2 あなた自身のことについて書いてみましょう。

_____は大変ながらも、とてもよい経験になりました。

3 〜にとどまらず ～에 그치지 않고

・この会社の製品は国内にとどまらず、海外でも幅広く使われている。
<small>はばひろ</small>

・知識があるだけにとどまらず、実際に活用できるかが重要である。

Step 1 次の語を正しい順に並び替えてください。

① この博物館は (体験 / 単なる / にとどまらず、/ 様々な / 展示) もできるようになって
いる。

→ _____。

② 学生時代には (分野だけ / にとどまらず、/ ジャンルの / 専攻の / 幅広い) 本をたくさ
ん読みました。

→ _____。

③ 将来は (日本 / 世界 / だけ / にとどまらず、/ を舞台) に活躍したい。

→ _____。

Step 2 あなたの考えを書いてみましょう。

国際人とは英語が話せるだけにとどまらず、_____人のことだ。

活動

ペア・グループ活動 ❶

これまでの大学生活でがんばったことををふり返り、アピールできることについて考えてみましょう。

① サンプルを参考に、次のページに大学生活でがんばったことを書いてください。

② 書いた中から印象深かった出来事を2つ選び、丸を付けます。

③ ペア・グループになり、選んだ2つの項目について話しましょう。

・それに取り組んだ時期・やっていた期間

・それに関する詳しい説明

・大変だったこと / そこから学んだこと

・その他 [何でも自由に]

 答える際はこの課で習ったことばや文型を積極的に使ってみましょう。

ワークシート　サンプル

	メモ(記憶に残っていること、時期、期間、場所…)
(大変な)授業	課題や発表が多く大変だったが成績はA＋だった
資格	日本語能力試験N1 / TOEIC850点 / 書道2級
外国語	中国語教養科目で基礎だけ
論文	
海外滞在	大阪の大学に交換留学1年 / ワーキングホリデーで東京1年
サークル活動	3年間テニスサークル / 代表
ボランティア活動	
アルバイト	塾で中学生に英語を教えた
学外活動	
その他 (旅行 / 学校の成績)	団体旅行ではなく、友達と1から計画を立てて1ヶ月ヨーロッパの国々を旅行した。 1年生から学年でトップだったので、奨学生に選ばれた。

> たいしたことないと思ってもとりあえず書いてみる

> 長く続けたことだと特によい

	メモ(記憶に残っていること、時期、期間、場所…)
(大変な)授業	
資格	
外国語	
論文	
海外滞在	
サークル活動	
ボランティア活動	
アルバイト	
学外活動	
その他 (旅行 / 学校の成績)	

tip

演劇や野球など、仲間と共に目標に向かって何かを作り上げた経験では、協調性をアピールすることもできますね。

ペア・グループ活動 ❷

前のページで話した２つの項目の中から、特に印象深かったものをパートナーと相談しながら
１つだけ選びます。その注目ワードについてさらに面白くて個性が感じられる話が引き出せる
よう、パートナーは効果的な質問を３つ考えて書いてください。

ワークシート　サンプル

注目ワード：テニスサークル

■ 質問

① テニス歴は長いのですか。

② テニスをやっていてよかったと思ったことはありましたか。

③ サークル活動に関して自慢できることはありますか。

ワークシート　記入用

注目ワード：＿＿＿＿＿＿＿＿＿＿＿＿＿＿＿＿＿＿＿

■ 質問

①

②

③

まとめ

これまでの内容を各項目別に、箇条書きでまとめてみましょう。最後の項目は46ページの【活動②】で出た質問の中から選びましょう。

■ **がんばったこと**

例 大学３年間テニスサークルで活動したこと。

_____

_____

■ **それについての詳しい説明**

例 テニスを初めて習い、最初はなかなか上手くなれなかった。

_____

_____

■ **工夫したこと**

例 友達を誘って練習試合をたくさんするようにした。

_____

_____

■ **経験から得たこと**

例 「継続は力なり」というように、継続して一つのことに取り組む大切さを学んだ。

_____

_____

■ **質問[   ]**

例 質問[③ サークル活動に関して自慢できることはありますか]

　　→ とにかく練習を休まないようにしたおかげで、３年生のときの試合で準優勝した。

_____

_____

第4課 好きなモノ・コト

好きなことはたいてい上手で、時間が経つのも忘れて集中してできるものです。そんなことを仕事にも生かせたらいいですよね。この課では、自分の好きなモノとコトについて話し合う中で、自分の適性や価値観に気づくことが目標です。

話してみましょう

① 何をしているときが一番楽しいですか。

例 好きな作家の本を読んでいるとき / 憧れの歌手の曲をギターで弾いているとき…

→

② これまで長い間続けてきたことは何ですか。

例 高校の時から1ヶ月に3冊以上は本を読むようにしている / 大学1年生の時、テニスにはまり、卒業まで続けた…

→

③ 上で話したことのうち、何か自慢できることはありますか。

例 高校生の時、ギターの大会で優勝したこと / 今までに読んだ本は1000冊以上…

→

ことば

好きなモノ・コトについて話すときよく使うことばです。知っていることばにチェックを入れましょう。

☐	憧れる あこが	キャリアウーマンに〜　憧憬（×） どうけい	
☐	気に入る き　　い	名 お気に入り	
☐	収集 しゅうしゅう	〜する　類 コレクションする	
☐	大好物 だいこうぶつ		
☐	ときめく	類 ドキドキする	
☐	はまる	類 夢中になる	
☐	ひかれる	「ひく」の受身　類 魅せられる み	
☐	魅力 み　りょく	〜的な人	
☐	目がない め		
☐	〜めぐり	美術館めぐり、温泉めぐり　動 めぐる	

やってみましょう

次の文章に最もふさわしい単語を上のリスト内から選び、必要があれば適切な形にして書いてください。

① 私はあの店のたい焼きには＿＿＿＿＿＿＿＿＿。

② かわいらしい言葉の響きに＿＿＿＿＿＿＿＿＿て日本語に興味を持つようになった。
　　　　　　　　　　　　ひび

③ 高校生の頃、数学の先生に＿＿＿＿＿＿＿＿＿ていたのがきっかけで、数学が好きになりました。

④ 世界各国のコインを＿＿＿＿＿＿＿＿＿するのが趣味です。

⑤ 今度、日本に行ったら全国各地の温泉＿＿＿＿＿＿＿＿＿をしたいと思っています。

単語　響き 울림, 여운
　　　ひび

好きなモノ・コトについて話すときよく使う文型

1　〜 にかけては　~에 있어서는, ~에서는

・ピアノの演奏にかけては、彼女はプロ級です。

・彼は口下手だが、文章を書くことにかけては天才的な才能を持っている。
　くちべた

Step 1　次の語を正しい順に並び替えてください。

① 彼の実力は (情熱に / すごいもの / かけては / 平凡だが、) がある。

　→ ＿＿＿＿＿＿＿＿＿＿＿＿＿＿＿＿＿＿＿＿＿＿＿＿＿＿＿＿＿＿。

② (には / 田中さん / にかけては / 記憶力) とてもかなわない。

　→ ＿＿＿＿＿＿＿＿＿＿＿＿＿＿＿＿＿＿＿＿＿＿＿＿＿＿＿＿＿＿。

③ 日本のアイドルの (知識に / 山田君が / かけては / クラスで) 一番だ。

　→ ＿＿＿＿＿＿＿＿＿＿＿＿＿＿＿＿＿＿＿＿＿＿＿＿＿＿＿＿＿＿。

Step 2　あなた自身のことについて書いてみましょう。

＿＿＿＿＿＿＿＿＿＿＿＿＿＿＿＿＿＿＿＿＿にかけては誰にも負けない自信があります。

2　〜 といい〜といい　~로 보나 ~로 보나, ~도 ~도

・このワンピースは色といいデザインといい気に入っている。

・大学では先輩といいクラスメイトといい、いい人たちに恵まれた。

Step 1　＿＿＿＿に入ることばを考えて入れてください。

① このホテルは＿＿＿＿＿＿＿＿＿＿＿＿といい＿＿＿＿＿＿＿＿＿＿＿＿
　といい最高だ。

② この歌は＿＿＿＿＿＿＿＿＿＿＿＿＿といい＿＿＿＿＿＿＿＿＿＿＿といい
　魅力的なので、世界中で歌われている。

単語　口下手 말주변, 말솜씨가 없음
　　　くちべた

③ _____といい_____といい彼ほどわ

が社にぴったりの人材はいない。

Step 2 あなたの考えを書いてみましょう。

_____は、_____といい_____といい

とてもすばらしい。

3 〜にもまして ～이상으로, ～보다 더

・この映画の映像は美しいが、それにもまして、ストーリーがとても感動的で何度見て
も胸がときめく。

・何にもまして大切なのは、最善を尽くすということだ。

Step 1 次の語を正しい順に並び替えてください。

① 今年は (まして / にも / 去年 / 暑くなる) らしい。

　　→ _____。

② 今回の (にもまして / 旅行は / 前回) 感動的だった。

　　→ _____。

③ 大好物の梅干しおにぎりが (いつ / まして / にも / おいしく) 感じる。

　　→ _____。

Step 2 あなた自身のことについて書いてみましょう。

何にもまして、_____は私にとって重要です。

活動

ペア・グループ活動 ❶

自分が好きなモノ・コトについて、アピールできることを考えてみましょう。

① サンプルを参考に、次のページに好きなモノ・コトを書いてください。

② 好きなモノ・コトの中からそれぞれ１つを選び、丸を付けます。

③ ペア・グループになり、選んだ２つの項目について話しましょう。

・好きになったきっかけや理由

・それに関する詳しい説明、魅力など

・そこから言える自分自身のこと

・その他[何でも自由に]

  答える際はこの課で習ったことばや文型を積極的に使ってみましょう。

ワークシート　サンプル

■ 好きなモノ

・本屋　　　　　　　　　・カフェ　　　　　　　　（・カメラ）

・お菓子作り　　　　　　・インテリア　　　　　　・甘いもの
　　かし

・推理小説　　　　　　　・ペット　　　　　　　　・雑貨
　すいり　　　　　　　　　　　　　　　　　　　　　ざっか

好きなゲーム、映画、漫画、本、雑誌、場所、
集めているものなど「好きなモノ」を考えよう！

■ 好きなコト

・旅行　　　　　　・読書　　　　　・スキー　　　　・ショッピング

・ネットサーフィン　・食べ歩き　　（・美術館めぐり）　・昼寝

・切手収集　　　　・バレーボール　・日本語の勉強

習い事、遊び、休日にしていることなど、「好きなコト(行動)」を考えよう！

■ 好きなモノ

■ 好きなコト

 tip　好きなモノ・コトを就職活動でアピールする時は「ただ好き」から一歩進んで、自分なりの個性を出したり強みに変えてアピール材料にすることが大切なのです。

前のページで話した２つの項目の中から、特に印象深かったものをパートナーと相談しながら
１つだけ選びます。その注目ワードについてさらに面白くて個性が感じられる話が引き出せる
よう、パートナーは効果的な質問を３つ考えて書いてください。

ワークシート　サンプル

注目ワード：カメラ

■ 質問

① 今までで一番満足した写真はどんな写真でしたか。

② 写真をやっていてよかったと思った瞬間はどんなときですか。

③ それに関して自慢できることはありますか。

ワークシート　記入用

注目ワード：＿＿＿＿＿＿＿＿＿＿＿＿＿＿＿＿＿＿＿

■ 質問

①

②

③

まとめ

これまでの内容を各項目別に、箇条書きでまとめてみましょう。最後の項目は54ページの【活動②】で出た質問の中から選びましょう。

■ 好きなモノ・コト

例 写真を撮ること

_____

_____

■ 好きになったきっかけ、好きな理由

例 小さい頃から、家族で出かけると自分がいつも写真を撮っていた

_____

_____

■ それをうまくするために工夫している点

例 美しく撮るために、いろんな角度から眺めてみる

_____

_____

■ そこから言える自分自身のこと

例 物事の美しい面を探そうというポジティブな姿勢、視野の広さ

_____

_____

■ 質問[　　　　　　　　　　　　　　　　　　　　]

例 質問[③ それに関して自慢できることはありますか]

→ 最近は撮った写真をブログで紹介しているが、1日の訪問者が1000人以上

_____

_____

第5課 性格（長所・短所）

　自分の性格について考えてみたことはあるでしょうか。自分の性格について話す際には、ただ「社交性がある」「努力家」などありきたりの単語を並べるだけではなく、それを裏付けるエピソードを紹介する必要があります。また、短所を聞かれた場合、その延長線上で長所につながるように伝え方を工夫しましょう。

話してみましょう

① これまで**性格診断・適性検査**などを受けたことがありますか。

　　例 はい、エニアグラムという性格診断、中学入試のときの適性検査、就職活動のＳＰＩ…

　　→

② 周りの人からはあなたについてよくどんなことを言われますか。

　　例 面白い、活発、優柔不断…

　　→

③ サービス業、技術者、事務職それぞれ、どんなタイプの人が向いていると思いますか。

　　例 人と接するのが好きな人、一人で考えて行動できる人、几帳面でしっかりしている人…

　　→

単語 裏付ける 뒷받침하다

 **ことば**

性格について話すときよく使うことばです。知っていることばにチェックを入れましょう。

いいイメージ	わるいイメージ
☐ 思いやりがある おも	☐ 配慮に欠ける、冷たい はいりょ か つめ
☐ 几帳面 き ちょうめん	☐ いいかげん、おおざっぱ
☐ 協調性がある きょうちょうせい	☐ 自分勝手 じ ぶんかって
☐ 決断力がある けつだんりょく	☐ 優柔不断 ゆうじゅう ふ だん
☐ 根気がある、我慢強い こん き が まんづよ	☐ あきっぽい、せっかち
☐ 社交的、活発 しゃこうてき かっぱつ	☐ 内向的 ないこうてき
☐ 柔軟性がある じゅうなんせい	☐ 頑固 がん こ
☐ 責任感が強い せきにんかん つよ	☐ 責任感がない、無責任 せきにんかん む せきにん

やってみましょう

短所について聞かれた場合も、言いようによっては長所にもなることを話すのが一般的です。左の単語は短所を表すことばですが、右のように言い換えることで長所にもなります。同じまたは似たような意味になることばを線でつないで見ましょう。

① おおざっぱだ ・　　　　　・ a 相手に合わせることができる。柔軟性がある

② 頑固だ ・　　　　　・ b どんな状況でも感情的にならず、冷静に判断できる

③ 優柔不断だ ・　　　　　・ c 周囲に流されず、しっかりと自分の考えを持つ

④ せっかちだ ・　　　　　・ d 気持ちに余裕がある

⑤ 冷たい ・　　　　　・ e 仕事が早い、時間を大切にする

性格について話すときよく使う文型

1 ～ずにはいられない ～하지 않고는 있을 수 없다

・正義感が強く、困っている人を見ると声をかけずにはいられません。

・SNSが持つ発信力は想像以上に大きく、注目せずにはいられない。

Step 1 「～ずにはいられない」を用いて文章を書き換えてください。

① この映画を見た人は誰でも涙を流す。

→ _____。

② どんなに忙しいときでも部屋が汚れていると掃除をする。
     よご   そうじ

→ _____。

③ このニュースを聞いて驚いた。

→ _____。

Step 2 あなた自身のことについて書いてみましょう。

私はストレスがたまると_____ずにはいられないタイプです。

2 ～とはいえ ～라고는 해도,～이긴 하지만

・私はおおざっぱな性格だ。とはいえ、仕事に関してはきっちりするよう心がけている。

・今回のテストでは知っている問題ばかりが出たとはいえ、毎回そうとはかぎらない。

Step 1 「～とはいえ」を使って文章を完成させてください。

① 中国語を習いました。/ 日常会話程度です。

→ _____。

② 国際化が進みました。/ まだ外国人に対する偏見や差別は残っている。

→ _____。

③ 性格とはもって生まれたものです。/ その後の環境である程度変わるものだ。

→ _____。

Step 2 あなた自身のことについて書いてみましょう。

私の短所は_____ところです。とはいえ、友達に言わせるとそうでも
ないようです。

3 ～にひきかえ ~와는 반대로 , ~와는 대조적으로

・柔軟性がある姉にひきかえ、妹の私は頑固なところがあります。

・忙しかった去年にひきかえ、今年はずいぶんと余裕がある。

Step 1 「～にひきかえ」を用いて文章を完成させてください。

① 今年の (ひきかえ、/ 去年に / ずいぶん / 試験問題は) やさしかった。

→ _____。

② あの夫婦は社交的な (旦那さんは / 奥さんに / 無口だ / ひきかえ、/ とても)。

→ _____。

③ (去年の / さっぱりだった / のにひきかえ / 就職率は / 卒業生の)、今年はかなりいい
結果だった。

→ _____。

Step 2 あなたの自身のことについて書いてみましょう。

_____さんにひきかえ、私は_____です。

活動

ペア・グループ活動 ①

アピールできるあなたの性格について考えてみましょう。

① サンプルを参考に、次のページにあなたの長所・短所を書いてください。

② 自分の長所・短所からそれぞれ1つずつ選び、丸をつけます。

③ ペア・グループになり、選んだ項目について話しましょう。

・そう思う理由

・長所：それを裏付けるエピソード

・短所：それを直すために努力していること

・その他 [何でも自由に]

  答える際はこの課で習ったことばや文型を積極的に使ってみましょう。

ワークシート　サンプル

■ 長所

　・几帳面　　　　　　　　　・気がきく

　・友達が多い　　　　　　　・趣味が多い

　・海外経験が豊富

■ 短所

　・ちょっとしたことを気にしてしまう　・名前や顔を覚えるのが苦手

　・せっかちだ　　　　　　　・神経質

■ 長所

■ 短所

tip インターネット上に無料でできる性格診断テストや適性テストなども多数ありますので、試してみてください。

前のページで話した２つの項目の中から、特に印象深かったものをパートナーと相談しながら１つだけ選びます。その注目ワードについてさらに面白くて個性が感じられる話が引き出せるよう、パートナーは効果的な質問を３つ考えて書いてください。

┃ ワークシート　サンプル ┃

注目ワード : 神経質（短所）

■ 質問

① 具体的なエピソードはありますか。

② 神経質で自分が困ったり、人に嫌がられたことはありましたか。

③ 逆に、神経質でよかった、役に立ったと思ったことはありましたか。

┃ ワークシート　記入用 ┃

注目ワード : ＿＿＿＿＿＿＿＿＿＿＿＿＿＿＿＿＿＿＿

■ 質問

①

②

③

まとめ

友達と話した内容、もらったコメントなどを参考に、以下の内容で箇条書きで書いてみましょう。書いた後、何人かで別のグループを作り、下に書いた内容を発表しましょう。

■ 長所・短所

例 短所：神経質

_____

_____

■ 具体的なエピソード

例 大学の入学試験の日、寝坊したら大変だと思ったら胃が痛くなり、結局大学の前のホテルに泊まった。

_____

_____

■ その長所・短所でよかった点

例 高校 3 年間、大学 4 年間、一度も遅刻をしなかった。宿題を忘れたことがない。

_____

_____

■ その長所・短所で困った点

例 遅刻や約束を守らないことが嫌いなので、友人にもそれを強要するときがある。

_____

_____

■ その長所を更に伸ばすために努力していること、その短所を直すために努力していること

例 自分に対して細かいのは社会人として役立つこともあるとプラスに考えるようにしているが、他人に対しては大らかになるよう心がけている。

_____

_____

第6課 キャリアプラン

キャリアプランとは、「5年、10年、20年後、今後どのような職について仕事をしていきたいか」の目標を持ち、実現のために計画を立てることをいいます。若い皆さんにとって何十年も先のことを考えるのは、少し難しいことかもしれません。けれども、これからの長い人生の設計と夢を考えてみることで、就職したい業界や企業がよく見えてくるはずです。

話してみましょう

① どのくらい先の人生までを考えたことがありますか。

例 とりあえず卒業後のことで頭がいっぱい、結婚するぐらいまで、老後まで…

→

② 定年を迎えるまで第一線でバリバリ働きたいですか。それとも早期退職して悠々自適な生活を送りたいですか。

例 バリバリではないが、細く長く定年まで働きたい / 早期退職して、自分のカフェを開きたい…

→

③ 理想的なライフスタイルの人はいますか。有名人でも身近な人でも構いません。

例 死ぬまで自給自足の生活を送ったアメリカ人絵本作家のターシャさん…

→

ことば

キャリアプランについて話すときよく使うことばです。知っていることばにチェックを入れましょう。

☐	一目置く いちもく	受身 置かれる
☐	謳歌する おうか	類 満喫する
☐	キャリア志向 しこう	〜が高い / 低い　類 上昇志向
☐	終身雇用 しゅうしんこよう	〜制度　類 生涯雇用
☐	専業主婦 せんぎょうしゅふ	
☐	第一線 だいいっせん	〜で活躍する、〜を退く しりぞ
☐	共働き ともばたら	類 共稼ぎ ともかせ
☐	年功序列 ねんこうじょれつ	反 実力主義、成果主義
☐	バリバリ働く はたら	類 あくせく働く(但し、マイナスイメージ)
☐	悠々自適 ゆうゆうじてき	〜な生活

やってみましょう

次の文章に最もふさわしい単語を上のリスト内から選び、必要があれば適切な形にして書いてください。

① 彼は45歳で退職して、今はハワイで＿＿＿＿＿＿＿＿＿＿に暮らしている。

② 戦後日本の労働制度の特徴として、＿＿＿＿＿＿＿＿＿＿制度が挙げられます。

③ 私は妹の人一倍生真面目なところに＿＿＿＿＿＿＿＿＿＿います。
　　　　　ひといちばい　きまじめ

④ 大学時代はアルバイトにサークル活動にと、まさに青春を＿＿＿＿＿＿＿＿＿＿。

⑤ 最近の韓国の若者は、高学歴で＿＿＿＿＿＿＿＿＿＿が非常に高いのが特徴です。

単語　人一倍 남보다 갑절이나　｜　生真面目 고지식함
　　　ひといちばい　　　　　　　　きまじめ

キャリアプランについて話すときよく使う文型

1　〜だけあって　~한 만큼, ~인 만큼, ~답게

・さすが長年第一線で働いているエリートだけあって、経済事情に明るいですね。

・彼は二浪して好きな大学に入っただけあって、キャンパスライフを謳歌しているようです。

Step 1　「〜だけあって」を使って文章を完成させてください。

① 日本は年功序列が厳しいです。/ 30代で部長になれる人はほとんどいません。

→ _____。

② 彼女はキャリア志向が高いです。/ 出産後も専業主婦にはならないようです。

→ _____。

③ 北欧では福祉が充実しています。/ 老後も心配なく過ごせます。

→ _____。

Step 2　クラスメートのことについて書いてみましょう。

_____さんは_____だけあって、すごい。

2　〜にこしたことはない　~가 최고다, ~보다 더 나은 것은 없다

・今の時代、英語はできるにこしたことはない。

・バックパック旅行をするなら、旅費は安いにこしたことはありません。

Step 1　_____に入ることばを考えて入れてください。

① どうせやらなければならないなら、_____にこしたことはないでしょう。

② 勤めるなら、終身雇用で_____にこしたことはないと思っています。

③ 若くて健康なうちはバリバリ＿＿＿＿＿＿＿＿＿にこしたことはありません。

Step 2 あなたの考えを書いてみましょう。

どうせ働くなら、＿＿＿＿＿＿＿＿＿＿＿＿＿会社にこしたことはないと思います。

3 〜ともなれば ～정도 되면, ～라도 되면

・ここは週末の午後ともなれば観光客でいっぱいになります。

・寒さが厳しい北海道も、７月ともなれば暑い日も出てくるだろう。

Step 1 次の語を正しい順に並び替えてください。

① （ともなれば / ボーナスも / 日本の大企業 / 相当もらえるだろうと）期待するのも当然だ。

　　→ ＿＿＿＿＿＿＿＿＿＿＿＿＿＿＿＿＿＿＿＿＿＿。

② （相当 / 夫婦 / 貯金もある / ともなれば / 共働き）んじゃないですか。

　　→ ＿＿＿＿＿＿＿＿＿＿＿＿＿＿＿＿＿＿＿＿＿＿。

③ （一目 / ともなれば / 全国大会に / 置かれている / クラスでも / 出場した）でしょうね。

　　→ ＿＿＿＿＿＿＿＿＿＿＿＿＿＿＿＿＿＿＿＿＿＿。

Step 2 あなたの考えを書いてみましょう。

大学生ともなれば、＿＿＿＿＿＿＿＿＿＿＿＿＿＿＿て当然だと思います。

活動

ペア・グループ活動 ❶

キャリアプランを思い描くには、まず「自分が送りたい人生」を考えることが大切です。

① サンプルを参考に、次のページにあなたがどんな生活を送っていきたいか、「やりたいこと、好きなこと」と「嫌なこと、やりたくないこと」をそれぞれ10個ずつ書いてください。

② 書いたものについて、自由にパートナーと話してみましょう。

ワークシート サンプル

■ やりたいこと、好きなこと

- 家・マンションを持つ
- 自由な時間が十分ある
- 30歳までに結婚して幸せな家庭を築く
- みんなから好かれる人になる
- 人にかっこいいと思われる人生を送る

- 買いたいものを好きなだけ買える
- 心身ともに健康
  しんしん
- 年に2回は旅行をする
- 趣味を充実させる
- やりがいのある仕事をする

■ 嫌なこと、やりたくないこと

- 退屈な毎日
  たいくつ
- せまくて汚い家で暮らす
- 余裕がなくあくせく働く
- 趣味をする時間がほとんどない
- 働きすぎやストレスで病気になる

- 人にバカにされる
- 貧乏でお金のない生活
- 複雑な人間関係
- 家族や友達と過ごす時間が少ない
- 一人ぼっちで死ぬ

> あまり考えすぎずに、頭に浮かぶことを書いてみましょう。

■ やりたいこと、好きなこと

■ 嫌なこと、やりたくないこと

 最近、若者がすぐに会社をやめてしまう原因の1つが、理想と現実のイメージギャップです。
簡単に仕事をやめてしまわないためにも、今の自分と将来の自分を考えるのはとても重要なことです。

ペア・グループ活動 ❷

① 前のページで書いたものを、「仕事」「プライベート」「お金」「心と体」の4つに分けて、次の
ページのワークシートに記入し、自分が書いたものを4つに分類します。

② ペア・グループになり、それぞれの項目から分かる傾向について話し合ってみましょう。

ワークシート　サンプル

■ 仕事

やりがいのある仕事をする、余裕がなくあくせく働くのは嫌だ

■ プライベート

家・マンションを持つ、自由な時間がいっぱいある、30歳までに結婚して幸せな家庭を
築く、年に2回は旅行をする、趣味を充実させる、せまくて汚い家で暮らすのは嫌だ、
趣味をする時間がほとんどないのは嫌だ、家族や友達と過ごす時間が少ないのは嫌だ、
一人ぼっちで死ぬのは嫌だ

■ お金

買いたいものが好きなだけ買える、貧乏でお金のない生活は嫌だ

■ 心と体

心身ともに健康、みんなから好かれる人になる、人にかっこいいと思われる人生を送
る、退屈な毎日を送るのは嫌だ、人にバカにされるのは嫌だ、複雑な人間関係は嫌だ、
働きすぎやストレスで病気になるのは嫌だ

上のように4つに分類すると、自分の傾向が見えてきます。サンプルで見ると、次のよ
うな傾向が分かります。

■ 仕事：やりがいのある仕事はしたいが、あくせく働くのは嫌だ

■ プライベート：結婚して家庭を持ち、家を買ったり趣味をしたり友達と会ったりして
　　　　　　　　　余暇を充実させたい

■ お金：お金に余裕のある暮らしがしたい

■ 心と体：ストレスを受けて身体を壊すのは嫌だが、退屈ではないかっこいい人生が送
　　　　　　りたい

■ 仕事

■ プライベート

■ お金

■ 心と体

上の分類から分かった自分の傾向

■ 仕事：

■ プライベート：

■ お金：

■ 心と体：

前のページで考えた４つの項目について、現在の状態と、１０年後、２０年後にどうなっていたいか。理想の未来像を書いてみましょう。数字なども使って具体的に書くのがコツです。あなた自身のことについて、下のサンプルを参考にして書いてみましょう。

ワークシート　サンプル

	仕事	プライベート	お金	心と体
現在	就職活動中	忙しくて友達と会えない	学生なのでお金はない	就職準備や英語の勉強でストレスが多い
10年後	得意な日本語を活かして日系企業でバリバリ仕事をしている	結婚して夫とふたり暮らし。子供の頃に習っていたギターを再開	家を買うために、毎月夫婦で２００万ウォン貯金	兼業主婦で充実した毎日、人からかっこいいと言われる生活
20年後	子育てのため退職。日本語と業務知識を活かして翻訳業に	子育て中。週末は家族で公園へ	共働きのため、少し余裕のある生活。年に１度の海外旅行	健康で退屈ではない毎日を送る

ワークシート　記入用

	仕事	プライベート	お金	心と体
現在				
10年後				
20年後				

まとめ

今まで考えてきた自分の傾向や理想の未来像をもう一度よく見て、キャリアプランをまとめてみましょう。書いた後、何人かで別のグループを作り、下に書いた内容を発表しましょう。

■ 現在の自分の状態(仕事、プライベート、お金、心と体)

例 就職活動中で忙しく、お金も無ければ友達と会う時間もなく、ストレスがたまっている。

_____

_____

■ 10年後になっていたい自分の状態(仕事、プライベート、お金、心と体)

例 日本語を生かして日系企業でバリバリ働く。結婚し夫婦共働き。仕事も趣味も充実。

_____

_____

■ 20年後になっていたい自分の状態(仕事、プライベート、お金、心と体)

例 子育てのため退職し、翻訳業に転職。仕事もプライベートもバランス良く充実。

_____

_____

■ そこから言える自分自身の夢や理想像

例 仕事もしっかりして人にかっこいいと思われたいが、同時にプライベートをより充実させたい。

_____

_____

■ 夢や理想像に近づくために、これからしなければならないこと

例 転職の可能性も考えて、日本語はしっかり勉強し続ける。仕事もプライベートも大切なタイプなので、残業が多すぎない、家から遠すぎない職場を選ぶ。

_____

_____

第7課 企業研究

採用で企業が重視するのは「人柄」に次いで、「企業への熱意」だといいます。希望する全ての企業について深く研究するのは大変かもしれませんが、だからこそ、しっかり研究したことをアピールすれば好印象を与えることができます。この課では興味のある企業について深く研究してみましょう。

話してみましょう

① 業界大手の企業に入るメリットとデメリットは何だと思いますか。

例 メリット：福利厚生がしっかりしている…　デメリット：出世に時間がかかる…
ふくりこうせい

→

② 中小企業やベンチャー企業に入るメリットとデメリットは何だと思いますか。
ちゅうしょうきぎょう

例 メリット：自分の影響力が大きい…　デメリット：不安定な企業も多い…

→

③ どんな日系企業を知っていますか。また、どんなイメージを持っていますか。

例 ソニーやシャープなどの電気機器メーカー、品質が良い…

→

単語　人柄 인품, 사람 됨됨이
　　　ひとがら

ことば

企業研究について話すときよく使うことばです。知っていることばにチェックを入れましょう。

☐	大手 おおて	最〜	
☐	こだわる	名 こだわり	
☐	最先端 さいせんたん	世界〜	類 最新
☐	差別化 さべつか	〜する、〜を図る はか	
☐	知名度 ちめいど	〜が高い / 低い	
☐	中小企業 ちゅうしょうきぎょう	反 大企業	
☐	把握する はあく	類 理解する	
☐	福利厚生 ふくりこうせい	〜制度	
☐	ベンチャー	〜企業、〜ビジネス	
☐	理念 りねん	企業〜、経営〜	類 信念

やってみましょう

次の文章に最もふさわしい単語を上のリスト内から選び、必要があれば適切な形にして書いて
ください。

① 自分の専攻を生かせる仕事に＿＿＿＿＿＿＿＿＿＿会社選びをしています。

② ＿＿＿＿＿＿＿＿＿＿の技術で人々の暮らしを豊かにすることを目指している。

③ 応募する企業の経営＿＿＿＿＿＿＿＿＿＿を理解しておかなければいけません。

④ ＿＿＿＿＿＿＿＿＿＿が低くても、自分に合う会社で働きたいです。

⑤ A社は商品のデザイン面で、他社との＿＿＿＿＿＿＿＿＿＿を図っている。

企業研究について話すときよく使う文型

1　〜ものの　하지만

- 一生懸命に努力した**ものの**、一番になることはできなかった。
- Ａ大学は学生数は少ない**ものの**、就職率は全国でトップレベルだ。

Step 1　「〜ものの」を使って文章を完成させてください。

① この会社の知名度は高くありません。/ なかなかいい商品を出しています。

→ _____。

② 最新式のパソコンを買いました。/ 使い方がよく分からなくて困っています。

→ _____。

③ 給料は高い。/ 福利厚生が整っていない会社もあるから、慎重に検討したほうがいい。

→ _____。

Step 2　あなた自身のことについて書いてみましょう。

_____と分かってはいるものの、実践するのは難しい。

2　〜もさることながら　〜도 그렇지만, 〜도 물론이거니와

- このレストランは、味**もさることながら**雰囲気も最高だ。
- 彼女は容姿**もさることながら**性格も申し分ありません。
　　　　ようし　　　　　　　　　　　　　　　　もう　ぶん

Step 1　次の語を正しい順に並び替えてください。

① （学歴も / 面接 / さることながら / 人柄 / では）も見られる。

→ _____。

② 大学生活では（いろいろな / 力を入れてきた / もさることながら / 学校の成績 / 活動にも）。

→ _____。

単語　容姿 얼굴 생김새와 몸매 ｜ 申し分ない 더할 나위 없다, 제격이다
　　　ようし　　　　　　　　　　　　　　　もう　ぶん

③ (ロボット技術に / 自動車 / もさることながら / この企業 / おいても) に勝るところは
ない。

→ ＿＿＿＿＿＿＿＿＿＿＿＿＿＿＿＿＿＿＿＿＿＿＿＿＿＿＿＿＿。

Step 2 あなたの考えを書いてみましょう。

日本語は＿＿＿＿＿＿＿＿＿＿もさることながら＿＿＿＿＿＿＿＿＿＿がもっと難しい。

3 　**〜ならでは** 〜이 아니고서는 안 되는, 〜(에서)만의

・和食ならではの繊細な味がある。
　　　　　　　せんさい
・田舎には田舎ならではの、そして、都会には都会ならではの良さがあるものだ。

Step 1 次の語を正しい順に並び替えてください。

① この店は (重みが / ならではの / 感じられる / 老舗 / 伝統と)。
　　　　　　　　　　　　　　　　　　　　しにせ

→ ＿＿＿＿＿＿＿＿＿＿＿＿＿＿＿＿＿＿＿＿＿＿＿＿＿＿＿＿＿。

② (大企業には / 大変さが / ならではの / 大企業) あるはずです。

→ ＿＿＿＿＿＿＿＿＿＿＿＿＿＿＿＿＿＿＿＿＿＿＿＿＿＿＿＿＿。

③ (よさが / でも / あるはずです / ならではの / どんな人に / その人)。

→ ＿＿＿＿＿＿＿＿＿＿＿＿＿＿＿＿＿＿＿＿＿＿＿＿＿＿＿＿＿。

Step 2 あなたの考えを書いてみましょう。

海外旅行ならではの魅力は、＿＿＿＿＿＿＿＿＿＿＿＿＿＿＿＿＿＿＿＿＿です。

単語　勝る 낫다, 우수하다 ｜ 繊細 섬세 ｜ 老舗 대대로 이어오는 점포
　　　まさ　　　　　　　　　せんさい　　　　しにせ

活動

ペア・グループ活動 ❶

興味のある業種について考えてみましょう。

① サンプルと右ページを参考に、ワークシートにあなたの興味のある業種を3つ挙げ、それぞれの業種を代表する企業をいくつか書いてください。

② ペア・グループになり、自分が興味のある企業について話しましょう。

・その業種に興味を持った理由、きっかけ

・その業種に関する説明（どんなサービスや商品を提供しているか、業界の特徴など）

・その他 [何でも自由に]

 tip 答える際はこの課で習ったことばや文型を積極的に使ってみましょう。

ワークシート サンプル

業種1：自動車メーカー	トヨタ	ホンダ	日産…
業種2：家電メーカー	ソニー	パナソニック	シャープ…
業種3：総合商社	三菱商事 みつびししょうじ	伊藤忠商事 いとうちゅうしょうじ	丸紅… まるべに

ワークシート 記入用

業種1：	
業種2：	
業種3：	

<参考：業種一覧>

◇ 公務
　国家公務員、地方公務員

◇ 教育
　研究者、教師、講師、保育

◇ 建設業
　けんせつぎょう
　総合工事業、設備工事
　　　　　　　せつ び こう じ

◇ 製造業
　せいぞうぎょう
　食料品、衣服、化粧品、薬品、機械、電気機械器具
　　　　　　　　　　　　　　　　　　　　　き ぐ

◇ 電気、ガス、水道業
　電力、ガス会社、上下水道

◇ 運輸、通信業
　うん ゆ　つうしんぎょう
　鉄道、貨物運送、航空運送、旅行、電気通信業、郵便業
　　　か もつうんそう

◇ 卸売、小売業、飲食店
　おろしうり　こ うりぎょう
　商社、卸売業、百貨店、スーパー、一般商店、飲食店、書店
　しょうしゃ

◇ サービス業
　ホテル、レストラン、ファッション、インテリア、美容院、レジャー産業、出版、
　放送局、広告代理業、航空、ソフトウェア業、情報処理サービス業（ＩＴ業）

◇ 金融、保険業
　きんゆう
　銀行、信用金庫、証券会社、保険会社、クレジットカード会社
　　　　　　　　しょうけん

◇ 不動産業
　土地売買業、住宅メーカー
　　　ばいばいぎょう

◇ その他
　農業、林業、漁業、医療、福祉など

① 前のページで書いた業種の中から、特に興味のある業種を1つ選びます。さらに、その業種の中で働いてみたい企業を1つ選び企業名を書きます。

② ペア・グループになり、その企業について話してみましょう。

　・その企業を知ったきっかけと、興味を持つようになった理由

　・その企業のサービスや商品を使ったことはあるか（自分、家族、周囲の人）

　・その企業を「すごい！」と思うような出来事やニュースなどを、見たり聞いたりしたことはあるか

　・その他 [何でも自由に]

ワークシート　サンプル

■ 業種　　自動車メーカー

■ 企業名　　トヨタ自動車株式会社

ワークシート　記入用

■ 業種

■ 企業名

tip 誰でも知っている当たり前の情報を話すのではなく、自分だから知っている、自分にしか話せない個人的なエピソードや思い出を語ることが大切です。実際に内容が大きいか小さいかはそれほど重要ではありません。自分の中で「大きい」と感じていれば、十分話に説得力と魅力が出ます。

まとめ

これまでの内容を各項目別に、箇条書きでまとめてみましょう。

■ 企業名

例 トヨタ自動車株式会社(TOYOTA MOTOR CORPORATION)

_____

_____

■ 業種

例 自動車メーカー

_____

_____

■ 取り扱っている商品やサービス

例 セダン、ワゴン、トラックなどの自動車の生産と販売

_____

_____

■ 自分が特に興味を持っている点

例 自動車好きの自分も納得した、「カムリ」の2013年韓国カー・オブ・ザ・イヤー受賞(外国車初)

_____

_____

■ 商品、サービスに対する個人的な思い出や感想

例 今年、父親が自動車を買い替えたが、色々な会社のエコカーを比較した結果プリウスに決めた

_____

_____

第8課 志望動機

最後の第8課では、今までに見てきたことを総合して志望動機を練り上げる練習をします。志望動機には、どうしてこの仕事がしたいのかという質問と、どうしてこの会社に入りたいのかという質問の2種類があります。いずれも、自分自身の特性や夢をしっかりと把握し、希望する仕事内容や企業について十分理解してからでないと作れません。これらを上手く重ね合わせて、説得力のある志望動機を完成させましょう。

話してみましょう

① 一つの会社の中にも様々な仕事があります。あなたがイメージしている仕事はどのようなものですか。

例 営業、販売、事務、企画、商品開発…

→

② 今までにやったアルバイトやインターンシップは何ですか。また、それを選んだ理由は何ですか。

例 カフェの店員。人と接する仕事が好きだから / ネット記事翻訳。語学力を生かせる仕事がしたかったから…

→

③ 賃金は高いけれど忙しい仕事と、あまり忙しくないけれど賃金が安い仕事なら、どちらを選びますか。

例 余暇が充実した人生を送りたいので、賃金が安くても忙しくない仕事の方がいい…

→

ことば

志望動機について話すときよく使うことばです。知っていることばにチェックを入れましょう。

☐	**重ね合わせる** かさ あ	
☐	**貴社 / 御社** きしゃ おんしゃ	書き言葉では貴社 / 話し言葉では御社
☐	**心得る** こころ え	名 心得
☐	**志望動機** しぼうどうき	類 希望理由
☐	**就職難** しゅうしょくなん	類 就職氷河期 しゅうしょくひょうがき
☐	**ニーズ**	類 需要 じゅよう
☐	**説得力** せっとくりょく	～がある / ～に欠ける
☐	**賃金** ちんぎん	類 給料
☐	**練り上げる** ね あ	類 完成させる
☐	**余暇** よか	類 レジャー

やってみましょう

次の文章に最もふさわしい単語を上のリスト内から選び、必要があれば適切な形にして書いてください。

① お客様の＿＿＿＿＿＿＿＿＿に合った商品を開発しなければいけません。

② 新入社員として最低限のマナーは＿＿＿＿＿＿＿＿＿おきましょう。

③ 大卒の最低＿＿＿＿＿＿＿＿＿は、3年前に比べて約2％上がった。

④ 会議を重ね、納得できるまで企画書を＿＿＿＿＿＿＿＿＿ていった。

⑤ この企画書は具体的な数字がなく、＿＿＿＿＿＿＿＿＿がない。

志望動機について話すときによく使う文型

1 〜にあたり / あたって ~을 맞이하여, ~을 할 때

・成人になるにあたり、心得ておきたい一般常識はたくさんあります。

・当ウェブサイトのご利用にあたって、注意点が３つございます。

Step 1 次の語を正しい順に並び替えてください。

① (行う / 大会を / ボランティアの方々に / 大勢の / にあたって) ご協力いただきました。

→ ＿＿＿＿＿＿＿＿＿＿＿＿＿＿＿＿＿＿＿＿＿＿＿＿＿。

② (迎える / あいさつが / 新年を / 社長から / にあたり) あります。

→ ＿＿＿＿＿＿＿＿＿＿＿＿＿＿＿＿＿＿＿＿＿＿＿＿＿。

③ (にあたり / いただくものは / 受講 / セミナーの / 準備して) こちらです。

→ ＿＿＿＿＿＿＿＿＿＿＿＿＿＿＿＿＿＿＿＿＿＿＿＿＿。

Step 2 あなたの考えを書いてみましょう。

社会人になるにあたり、＿＿＿＿＿＿＿＿＿＿＿＿＿＿＿＿たほうがいい。

2 〜をもって ~으로, ~으로써

・困難にも勇気をもって立ち向かいたいと思います。

・本日をもって、皆さんは当社の社員となりました。

Step 1 「〜をもって」を使用して文章を完成させてください。

① 自分の身 / 痛感した。

→ ＿＿＿＿＿＿＿＿＿＿＿＿＿＿＿＿＿＿＿＿＿＿＿＿＿。

② 明日 / 当ホテルは閉館いたします。

→ ＿＿＿＿＿＿＿＿＿＿＿＿＿＿＿＿＿＿＿＿＿＿＿＿＿。

③ 11月11日の12時 / エントリーの受付を終了しました。

→ _____ 。

Step 2 あなたの考えを書いてみましょう。

情熱をもってすれば、_____ 。

3 **〜をものともせず(に)** 〜을 아랑곳하지 않고, 〜에도 굴하지 않고

・就職難をものともせず、彼は内定を5つも勝ち取った。
　　　　　　　　　　　　　　　　　　　　か と
・家庭的な問題をものともせず、彼女は幸せな人生を歩んでいった。

Step 1 「〜をものともせず(に)」を使って文章を完成させてください。

① つらい経験 / たくましく生きた。

→ _____ 。

② 就職難の時代 / 一流企業から内定をもらった。

→ _____ 。

③ 人々の冷たい目 / 自分の望む道に進むことにした。

→ _____ 。

Step 2 あなた自身のことについて書いてみましょう。

私の自慢は、_____をものともしなかったことです。
　 じ まん

活動

ペア・グループ活動 ①

1章の1課から6課までで考えてきた自己分析の結果を、7課で考えた希望する業種・企業を受ける時のアピール材料に使えるよう考えてみましょう。活動1では、「業種」についてだけ考えてみます。

① サンプルを参考に、次のページのワークシートにあなたの答えを書いてください。

② ペア・グループになり、書いた内容について話しましょう。

  答える際はこの課で習ったことばや文型を積極的に使ってみましょう。

ワークシート サンプル

業種：化粧品会社

■ 大学生活でがんばったこと(勉強、アルバイトなど)は、希望する業種と何か関係ありましたか。(3課)

日本に留学中、ドラッグストアに通って色んな化粧品を試し、商品知識を増やした。

■ 自分が好きなモノ・コトと希望する業種とに関連性はありますか。ない場合、何か関連性を持たせられるよう考えてみてください。(4課)

子どもの頃から美容に興味があり、ファッションやコスメには目がない

■ 自分の長所は、その業種での仕事に向いていると思いますか。どういう点が向いているか具体的に考えてみてください。(5課)

社交的で人と接することが好き

■ その業種で働くことで、自分の理想としている人生を送ったり、夢をかなえることはできると思いますか。(6課)

化粧品会社で働くことで日本で働きたいという夢と、美に関する仕事に就きたいという2つの夢を同時にかなえることができる。

ワークシート　記入用

業種：_____

■ 大学生活でがんばったこと(勉強、アルバイトなど)は、希望する業種と何か関係ありましたか。(3課)

■ 自分が好きなモノ・コトと希望する業種とに関連性はありますか。ない場合、何か関連性を持たせられるよう考えてみてください。(4課)

■ 自分の長所は、その業種での仕事に向いていると思いますか。どういう点が向いているか具体的に考えてみてください。(5課)

■ その業種で働くことで、自分の理想としている人生を送ったり、夢をかなえることはできると思いますか。(6課)

tip　「志望動機は何ですか」ではなく、「どうして我が社なのですか」「会社に入ったらどのような仕事がしたいですか」などと、いろいろな形で質問される場合があります。いずれにしろ、志望動機を示す時は「自分の持っている力で、こんなことができる」と、能力のアピールをきちんとしましょう。

活動2では、自分が働きたい業種の中でも特に希望する「企業」を1つに絞り、説得力のある志望動機が話せるよう考えてみましょう。

ワークシート サンプル

企業：DMC化粧品株式会社

■ 大学生活でがんばったこと(勉強、アルバイトなど)と、希望する企業とに何か関係ありましたか。(3課)

日本に留学中、化粧品を研究するためにドラッグストアやデパートの化粧品売場を歩き回った。その時に「アトピーで悩んでいる」という自分の話を一生懸命に聞いてアドバイスしてくれたのがDMCのカウンターの人で、こんな会社で働いてみたいと思った。

■ 自分が好きなモノ・コトと、希望する企業とに関連性はありますか。(4課)

<ヒント> 「同じ業種の他の企業にはないけれど、この企業にはある」というものを探してみましょう。

子供の頃から美容に興味があったが、アトピーがあったため、化粧品を選ぶ時は自然派かどうかを必ずチェックしていた。DMCは「自然派化粧品」のみを扱っている安心できる会社であることと、安全なだけではなく、ファッション性も高く若者にも人気がある点が、自分の好みと一致した。

■ 自分の長所は、その企業で活かせると思いますか。(5課)

<ヒント> 「自分の能力で、これだけの貢献が会社のためにできる」という視点で考えてみてください。

社交的で人と接するのが好きなため、美容アドバイザーの仕事でも営業の仕事でも何でも楽しく積極的に行う自信がある。

■ 希望する業種にたくさんの企業がある中で、「この会社でなければ自分のやりたいことや夢はかなえられない」というものはありますか。他の企業との違いを考えながら、答えてみましょう。(6課)

DMCは韓国を含めた海外進出の計画がある。自分は留学経験もあり日韓両方の言語と文化を理解しているため、両国のスタッフ間を上手く橋渡しできる。

企業：＿＿＿＿＿＿＿＿＿＿＿＿＿＿＿＿＿＿＿＿＿

■ 大学生活でがんばったこと(勉強、アルバイトなど)と、希望する企業とに何か関係ありましたか。(3課)

■ 自分が好きなモノ・コトと、希望する企業とに関連性はありますか。(4課)

■ 自分の長所は、その企業で活かせると思いますか。(5課)

■ 希望する業種にたくさんの企業がある中で、「この会社でなければ自分のやりたいことや夢はかなえられない」というものはありますか。他の企業との違いを考えながら、答えてみましょう。(6課)

tip 志望動機を答えるとき「大きくて有名な会社だから」というのは、入社後何をしたいのかが全くわからず、企業側が嫌がるNG解答です。また、マニュアル本やホームページなどの内容をそのまま話す人がいますが、それでは意味がありません。それらは参考程度にし、自己分析の内容に重点を置いて話しましょう。

まとめ

これまでの内容を箇条書きでまとめてみましょう。

■ 希望する業種・会社

例 化粧品会社・DMC化粧品株式会社

_____

_____

■ 好きなコト・モノや長所と希望する「業種」との関連性

例 以前から美容に強い関心があり、美に関する仕事に就きたいと思ってきた。

_____

_____

■ 入社後、その「業種」で生かせる能力

例 化粧品に関する豊富な知識がある。また、日本人と韓国人両方の好みを把握している。

_____

_____

■ その「会社」だからこそ実現できる夢

例 韓国を含めた海外進出の計画があり、そこで活躍できると思った。

_____

_____

■ 入社後、その「企業」で生かせる能力

例 韓国語と日本語両方を使い、会社が韓国進出するために必要な業務をこなせる。

_____

_____

💡 プレゼンテーション活動

7・8課で行った企業研究を更に深めて、クラスの前でプレゼンテーションをしてみましょう。

1　持ち時間：1人10分程度

2　方法：口頭での発表。（パワーポイントや映像を用いても構わない）

3　内容：企業をひとつ選択し、概要や業務内容などについて説明(※ 以下参照)

4　質疑応答：発表終了後、内容について質疑応答
　　しつ ぎ おうとう

<ポイント1> プレゼンテーションの際には必ず以下の内容を盛り込みましょう。

① 企業名

② 会社概要、事業内容

③ 企業理念、求める人材像

④ 採用情報

⑤ 志望理由(自分がこの企業でできること)

その他、以下の点も盛り込むとよいでしょう。

・ライバル企業との違い(ライバル企業にはどんなところがあるか、商品やサービスの違い)

・取り扱っている商品やサービス、自分が使用した感想

・この企業に興味を持った点、共感する点

<ポイント2> プレゼンテーションをする時は、以下のフレーズを使いましょう。

■ 最初

　・みなさん、おはようございます / こんにちは。〇〇学科〇年生の〇〇と申します。

　・今日は〇〇(という企業)について発表させていただきます。

　・どうぞよろしくお願いいたします。

■ 最後

　・以上で発表を終わります。ご清聴ありがとうございました。
　　　　　　　　　　　　　　　せいちょう

※ 1課から8課までで学習した文型やことばも積極的に使って話しましょう。

　「学生時代に頑張ったこと」などのストーリーを考えるのは、思った以上に難しいものですよね。何も思い浮かばないときは、自分が今までやったことについて「どんな苦労をしたか、何が大変だったか」といったマイナス点を考えてみるという「逆転の発想」をオススメします。

　たとえば、ある女子学生から「日本のホテルで数ヶ月間のアルバイトをしたことがあるけど、特に変わったこともなかったからアピールできる点がありません」と相談を受けたことがありました。でも、本当に何もないのでしょうか。一生懸命に取り組んだなら、必ずひとつは苦労したり失敗したりして乗り越えた記憶があるはずです。そう指摘すると、「お客様の名前が覚えられず、怒られたことはありました」とのこと。彼女はその後、深く反省し、お客様の顔の特徴や話した内容を丁寧にノートにメモして、情報を頭に入れていきました。それを見た上司からは、大いに褒められたそうです。

　この話から、彼女は「学生時代に頑張ったこと」と、「自分の長所」(＝小さなことにも真剣に取り組み、ミスしたままでは決して終わらせない)の2つのPRを発見することができたのです。自分では「小さなつまらない経験だ」と思っていることの中からでも、いくらだって素晴らしいストーリーが引き出せるという例です。

終 自己評価 Can-do リスト

よくできる：4　できる：3　あまりできない：2　できない：1

1	説得力をもって人前で主張を展開でき、質問やコメントに応じ、複雑な質問や意見にも、適切かつ流暢に答えることができる。	☐
2	高い文法・語彙駆使力を用いて話すことができる。時には言い間違いや、文構造の誤り、不備が見られる場合があるが、後で見直せば訂正できるものが多い。	☐
3	与えられたテーマについて、きちんと構成されたプレゼンテーションができる。補助事項、理由、関連事例を詳しく説明し、論を展開し、立証できる。	☐
4		☐

※ 4つ目はクラスで目標を決めましょう。

応募書類対策

始 **自己評価 Can-do リスト**

よくできる：4　できる：3　あまりできない：2　できない：1

1	就職のための書類に適切な表現や語彙を用いることができる	☐
2	実際の出来事や経験について、就職活動にふさわしい書き方のルールに従って、明瞭かつ読み手の記憶に残るように記述することができる。	☐
3	就職を希望する会社に送るエントリーシートなどに、会社にどのように貢献できるかについて、根拠となる具体的なエピソードを交えながら、自己PR文を明瞭に詳しく書くことができる。	☐
4		☐

※ 4つ目はクラスで目標を決めましょう。

第1課 応募書類の基礎知識

一般的に応募書類には、履歴書とエントリーシートの2種類があります。これらは就職活動においての第一関門です。書類選考をパスしないかぎり、次のステップには進めません。ポイントを理解し、時間をかけてしっかり書くようにしましょう。

考えてみましょう

① 手書きとパソコン入力、それぞれにおいて気をつけなければならないのはどんなことだと思いますか。

② 多くの書類の中から選んでもらうためには、どんな工夫が必要だと思いますか。

1 応募書類の種類

	履歴書	エントリーシート(ES)
意味	学業や就業の経歴などのプロフィール書類	企業などが独自で作成した応募用紙
内容	・自分に関する基本事項、学歴 / 職歴、資格 / 免許、その他(趣味など) ・様式により多少異なるが、一般的な様式は日本工業規格(JIS)で定められているためほぼ同じ	・企業によって全く違うが自己PRや、志望理由など
入手方法	・各大学または書店や文具店、コンビニなどで購入	・ウェブ上で入手 ・説明会(セミナー)に参加 ・資料請求

2 　書類審査の目的

①　応募者を絞る

人気企業は多数の学生から応募があるため、応募者全てを面接することはできません。そこで、書類審査を通して、企業に合う人物かどうかを判断し、面接をする人数を絞ります。大企業の場合、書類審査で9割以上を落とし、面接に進めるのは1割以下ということもあります。

> 面接官は何百、何千ものエントリーシートに目を通さなければなりません。マニュアル通りの無難なものではなく、読みたくなるようなオリジナリティのあるものにしましょう。

②　面接の参考資料

履歴書やエントリーシートは、面接の際に参考資料として使われます。一次面接だけでなく、二次、三次、最終面接まで同様に、シートに書かれた内容について質問されることが数多くあります。つまり、面接官から質問してほしい内容をエントリーシートに書いておけば、面接を有利に進められる可能性も高いということです。部活で活躍した人は部活のことを中心に書けばいいし、ボランティアについて聞いてほしい人はボランティアのことを中心に書いておけばいいわけです。

> とはいえ、全ての設問には意図があります。それを無視して、自分の話したいことだけを書いてはいけません。設問に合わせた形でアピールしましょう。

単語) 絞る 골라내다, 짜내다
しぼ

3 書類作成のテクニック

文章力はすぐに身に付くものではありませんが、以下の点に気をつけるだけでもずいぶん全体的な印象がよくなります。

① 内容

- ・結論を前に持ってくる

- ・事例や具体的なエピソードを入れる

- ・数字や固有名詞を効果的に出す

- ・第3者にチェックしてもらう

※ 自分では完璧に書いたつもりでも、他の人から見るとよく意味がわからなかったり、間違いがあったりするものです。必ず、先生や学校の就職担当者などに一度はチェックしてもらうようにしましょう。

② 文章

- ・一文を長くし過ぎない

- ・読みやすい分量を心がける

※ 全体的に、短すぎでは誠意が感じられませんが、長すぎても大切なポイントが伝わりません。

③ 形式

- ・「ですます」、「だ・である」を統一する

- ・漢字だらけ、ひらがなだらけ、外来語だらけの文にしない

- ・送り仮名を統一する(終わる・終るなど)

- ・誤字、脱字がないよう注意する

- ・「！」、「？」、アンダーライン、太文字を多用しない

※ 目立つ書類を意識して、カラーにしたり、派手なデザイン、記号を多用するのは逆効果です。

④ 手書きの場合

- ・手書きの場合、黒以外の色ペンを使わない

- ・丁寧に書く

※ 字を書くのが苦手でも、字の大きさや列をそろえて書くだけでずいぶん見やすくなるものです。

⑤ 提出

  ・できる限り早めに提出する。

  ※ 提出期限を守るのは当然ですが、ぎりぎりに出すのも避けましょう。それができない学生がとても多いので、早めに出すだけでもやる気をアピールすることができます。

やってみましょう

企業の人事担当者に聞きました。悪い印象の応募書類とはどんなものでしょうか。

1位　（　　　　　　　　　　　　　　　　　　　　　　　　）

2位　字が汚く、めちゃくちゃな日本語で書いてあるもの

3位　（　　　　　　　　　　　　　　　　　　　　　　　　）

4位　文章がやたら長いだけで、何を伝えたいのかわからないもの

5位　入社後の希望がなく、やる気の見えないもの

6位　外来語(カタカナ語)を使いすぎているもの
　　　がいらいご

7位　個性が強すぎるもの

8位　（　　　　　　　　　　　　　　　　　　　　　　　　）

これはダメ！！！

第2課 書類の日本語

応募書類の履歴書、エントリーシートはもちろん、メールでのやり取りなどでもきちんとした日本語が書けるかどうか試される場面は多々あります。公式的な場面での日本語なので、普段の会話の癖が出ないようにしなければなりません。また、書き言葉のルールは話し言葉のルールとは異なります。

1 書き言葉

書類作成の際は、話し言葉、縮約形、略語は使わず、正式名称をきっちりと書きましょう。

やってみましょう

エントリーシートに書く日本語としてふさわしくない表現を選んで正しく書きなおしましょう。

① 自分が仕事に誇りを持つことができなきゃ、お客様にそれが伝わります。

→ _____

② 英語はあんまり得意ではありませんでしたが、努力して克服しました。

→ _____

③ 御社では大学で学んだことを、生かせるんじゃないかと思います。

→ _____

④ コンビニエンスストアとかでのアルバイトの経験があります。

→ _____

⑤ 不注意で大きな失敗をしちゃったことがありますので、慎重に取り組むようにしています。

→ _____

 tip 「コンビニ」は「コンビニエンスストア」、「バイト」は「アルバイト」、「ワーホリ」は「ワーキングホリデー」など、単語も縮約形を使わないように気をつけましょう。

単語 癖 버릇, 습관 | **縮約形** 축약형 | **略語** 약어

次のような話し言葉は書き言葉に変えて書くようにしましょう。

① 縮約形

話し言葉	例	書き言葉	例
～てる	資格を持ってます	～ている	資格を持っています
～てく	問題が増えてく一方です	～ていく	問題が増えていく一方です
～とく	準備しときました	～ておく	準備しておきました
～ちゃ(じゃ)	忘れちゃいけないと思います	～ては(では)	忘れてはいけないと思います
～ちゃ(じゃ)う	電車に乗り遅れちゃいました	～て(で)しまう	電車に乗り遅れてしまいました
～なきゃ	覚えておかなきゃ、いざというとき困ります	～なければ	覚えておかなければ、いざというとき困ります
～って	ＦＴＡっていうのは、自由貿易協定のことです	～と / とは / という	ＦＴＡというのは、自由貿易協定のことです

② 語彙

話し言葉	書き言葉
御社 おんしゃ	貴社 きしゃ
とか	や / など
けっこう	ずいぶん / かなり
もっと	より
すごく	とても / 大変 / 非常に
ちょっと	少し / 少々 / 若干
いろんな / いろいろな	多くの / 多様な / 様々な
とっても / やっぱり / ばっかり	とても / やはり / ばかり
あんまり / おんなじ	あまり / おなじ
こんな / そんな / あんな / どんな	このような / そのような / あのような / どのような

③ その他

会社、大学名はもちろん、資格の名称なども略さず、正式名称を用いましょう。

(株) → 株式会社	東大 → 東京大学(各大学の名前、〇大ではなく〇〇大学)
漢検 → 漢字能力検定	運転免許 → 普通自動車第１種運転免許

⇒ ９８ページの【やってみましょう】をもう一度やってみましょう。

2 接続詞

文と文とをつなぐ接続詞を効果的に使うと、文章が読みやすくなります。だからといって、使いすぎるのもよくありません。どのような用途があるのかを理解し、適切に使いましょう。

やってみましょう

＿＿＿＿＿にもっともふさわしい言葉を下の例から選んで書いてください。

① 私は交換留学生として１年間、＿＿＿＿＿＿＿ワーキングホリデーでもう１年、日本に滞在しました。

② 毎日練習に励みました＿＿＿＿＿＿＿、なかなか上達しませんでした。＿＿＿＿＿＿＿、あれこれ工夫を重ねました。

③ この活動は大変意味があると確信しています。＿＿＿＿＿＿＿、大きく自己成長できる環境が整っているからです。

④ 街の経済力やにぎやかさを向上させるために行う活動、＿＿＿＿＿＿＿「まちおこし」のNPO法人に所属し活動してきました。

⑤ 私がこのコースを選択した理由は２つあります。＿＿＿＿＿＿＿は、多くの人と接する機会を持つことができるからです。そして二つ目は、必要な資格が取得できるからです。

⑥ 人の役に立つことがしたいと考えていたので、多くのボランティア活動に参加しました。＿＿＿＿＿＿＿子どもに日本語を教えたり、市のフリーマーケットの運営などです。

つまり	そこで	まず	しかし	さらに	第一に
ために	例えば	が	なぜなら	一方	一つ目

tip 前後の意味をよく考えて、選びましょう。

単語 励む 힘쓰다, 힘이 되다
   はげ

解説

接続詞には大きく6つの用途があります。

① 順接：前の文が原因・理由となって、後の文が結果を表す

　　それで グ래서　そこで グ래서　そのため グ 때문에　すると グ러자　したがって 따라서

　・人と関わることが好きです。それで、この部署を希望しました。

② 逆接：前の文から予想される結果とは逆の結果になることを表す

　　しかし グ러나　が ~지만　ところが グ런데　とはいえ、それでも グ래도

　・私なりに精一杯努力しました。ところが、結果は散々でした。

③ 並列・付加：前の文と同列のことを並べたり、付け加えたりする

　　そして グ리고　それから グ리고 나서　また 또　しかも 게다가　その上 게다가　さらに 더욱이　および 및

　・分からないことは何でも質問するようにしました。また、失敗したときは全てきちんと報告するように
　しました。

④ 説明：前の文を言い換えたり、理由を説明したりする

　　つまり 결국, 다시 말해　すなわち 즉　要するに 요는　なぜなら 왜냐하면　たとえば 예를 들면　ただし 단, 다만

　・「ほうれんそう」、すなわち報告・連絡・相談は仕事をする上でとても重要なことです。

⑤ 対比・選択：前の文と比べたり、どちらかを選んだりする

　　または 또는　あるいは 혹은　それとも 아니면　そのかわり グ 대신에　一方 한편

　・卒業するためには卒業論文を書くか、あるいは卒業試験に合格しなければなりません。

⑥ 転換：話題を変えることを表す

　　さて グ런데　ところで グ런데　それでは グ러면

　・以上が当社の業務内容に関する資料です。さて、次にお見せする資料は…

列挙、順序を表す場合

・はじめに、次に、おわりに　　　・まず、次に / それから、最後に

・第一、第二…　　　　　　　　　・一つ目、二つ目

⇒ 100ページの【やってみましょう】をもう一度やってみましょう。

tip 「はじめに~」は順序のみ。「まず~」は順序と列挙両方、「第一~」「一つ目~」は列挙の場合のみ
　　使えます。

3 対応関係

文章を書く際には、「主語」と「述語」などの対応関係に注意し、前半の文に後半の文をきちんと対応させなければいけません。また、セットで用いる表現の場合、片方だけになってしまわないよう気をつけましょう。文章が長く複雑になるとミスが起こりやすくなります。できるだけ一文を簡潔に書くように心がけましょう。

やってみましょう

次の文章を正しく書き直してください。

① 私の将来の夢は、日本一の営業マンになりたいです。

→ _____

② 休日の過ごし方は、英会話学校に行ったり、読書をしたりです。

→ _____

③ 日本語専攻者だからといって、日本語が上手に話せるものです。

→ _____

④ 初めて日本に行ったとき、親切な人々のせいで日本に興味を持つようになりました。

→ _____

⑤ 私の希望は、人と接することが好きなので営業職です。

→ _____

 tip セットで用いられる表現の場合、どちらか1つだけにならないように気をつけましょう。

対応関係が乱れやすいものについて紹介します。

① 主語と述語

「何が、誰が」に当たる主語と、「どうだ、どうした、どうする」に当たる述語が対応していないと、とてもわかりにくい文章になってしまいます。それを防ぐために、主語と述語はなるべく近くに置くようにしましょう。

> **～は名詞です。**

- 趣味は走るです。（×）→ 趣味は走ることです。（○）（「動詞＋こと」で名詞化）
- 趣味はジョギングです。

② セットで用いる表現

> なぜなら～からだ　　～のは～からだ / ためだ　　～によると～そうだ / ～とのことだ
> ～たり～たりする　　～から～にかけて　　～さえ～ば

- ニュースによると、今夜から明日の朝にかけて雨になるそうだ。
- どんなに辛くても部活をやめなかったのは、優しい先輩がいたり仲の良い同級生がいたりしたからだ。

③ よい結果とセット

> **おかげで**

- 良いクラスメイト達に恵まれたおかげで、大学４年間を楽しく過ごすことができました。

④ よくない結果とセット

> **～せいで**

- 彼は成績がずば抜けて良すぎるせいで、他のクラスメイトたちから嫉妬された。

⑤ 否定形 / 否定の意味を持つものとセット

> ～たりとも　　決して　　全く　　さっぱり　　～を抜きにして　　必ずしも

- 一瞬たりとも気を抜いてはいけない。
- 金持ちだからといって、必ずしも幸せだとはかぎらない。

⇒ 102ページの【やってみましょう】をもう一度やってみましょう。

単語 乱れる 어질러지다, 통일이 안되다 | ずば抜ける 뛰어나게 우수하다 | 嫉妬 질투

4 文体

エントリーシートの文体は「ですます体」「だ・である体」どちらでも問題はありません。ただし、両方を混ぜてはいけません。必ずどちらかに統一して書くようにしましょう。

やってみましょう

次の「ですます体」の文章を「だ体」に書き換えてください。

＜ですます体＞

私が大学時代力を入れて取り組んできたことは、水泳サークルの代表として活動をまとめてきたことです。サークル自体は1年生から始めましたが、3年生になってからは代表を務めることになりました。就任当初は入部して間もない後輩たちのやる気のない態度に戸惑いました。そこで私は、まず自分が行動で示すことが大事だと考え、練習のある日は誰よりも早く行き、情熱的に取り組むようにしました。こうした努力のおかげでしょうか、後輩の態度も少しずつ積極的になり、活動全体のまとまりも出てきました。

＜だ体＞

_____

_____

_____

_____

_____

_____

_____

_____

_____

_____

> tip　文末だけではなく、接続助詞にも注意をしましょう。

「ですます体」と「だ・である体」の文末形式は以下の通りです。

	ですます体	だ・である体
名詞・な形容詞	学生です 学生ではありません 学生でした 学生ではありませんでした	学生だ・である 学生ではない 学生だった・であった 学生ではなかった
い形容詞	楽しいです 楽しくありません 楽しかったです 楽しくありませんでした	楽しい 楽しくない 楽しかった 楽しくなかった
動詞	勉強します 勉強しません 勉強しました 勉強しませんでした	勉強する 勉強しない 勉強した 勉強しなかった
推量	でしょう	だろう・であろう

また、「が」「し」「から」などの接続助詞の場合も注意しましょう。

	ですます体	だ・である体
学生	学生ですが 学生ですし 学生ですから	学生だが・であるが 学生だし・学生であるし 学生だから・学生であるから
楽しい	楽しいですが 楽しいですし 楽しいですから	楽しいが 楽しいし 楽しいから
勉強する	勉強しますが 勉強しますし 勉強しますから	勉強するが 勉強するし 勉強するから

※ また、丁寧に書こうとしすぎて以下のようにならないように注意しましょう。

しましたのです。（×）→ しました or したのです

ありませんです。（×）→ ありません

⇒ 104ページの【やってみましょう】をもう一度やってみましょう。

5 変換ミス

パソコンで文書を作成する際に、特に気をつけたいのが変換ミスです。意味が似ているものもあり、どちらを使えばいいのか迷ったり、まちがったまま見過ごしてしまう場合が多いので注意が必要です。

やってみましょう

正しいものを選んでください。

① 人前で話すことにかけては (じしん：自身・自信) があります。

② 最近、日本経済について (かんしん：関心・感心) があります。

③ 私は来年の春に修士 (かてい：課程・過程) を (しゅうりょう：修了・終了) する予定です。

④ 内気な性格を (なおしたい：直したい・治したい) と思っています。

⑤ アルバイトで高校生を (たいしょう：対照・対象) に英語を教えていました。

⑥ 私の趣味は切手 (しゅうしゅう：収拾・収集) です。

⑦ 私の趣味は映画 (かんしょう：鑑賞・観賞) です。

⑧ 仕事では円滑な (いし：意思・意志) 疎通を行うことが大切です。
えんかつ　　　　　　　　　　　　　　　　　　　　　　そつう

 tip 漢字の意味をよく考えて答えてください。

単語 円滑 円滑 | 疎通 疎通
えんかつ　原活　　そつう　疎通

変換ミスしやすいもののリストです。これを見ながら、履歴書・エントリーシートをもう一度見直してみましょう。

読み方	漢字①	意味	漢字②	意味
いし	意志	의지	意思	의사
かんしょう	鑑賞	감상	観賞	관상
かんしん	関心	관심	感心	감심, 감탄
がっか*	学科	학과	学課	학과
かてい*	課程	과정	過程	과정
きぎょう*	企業	기업	起業	기업, 새로 사업을 일으킴
じしん	自信	자신(감)	自身	(자기) 자신
しゅうしゅう	収集	수집	収拾	수습
しゅうりょう	終了	종료	修了	수료
たいしょう	対照	대조	対象	대상
とくちょう	特徴	특징	特長	특장
つとめる	努める	노력하다, 힘쓰다	務める	역할을 맡다
なおす*	直す	고치다, 바로잡다	治す	(병을) 고치다
のぞむ	臨む	임하다	望む	원하다

注意!

*は韓国語でも同じ表記になりますが、以下のような意味の違いがあります。

❶ 「学科」vs「学課」：学科は学問の種類、学課は学業の課程　例 日本語学科、経営学科

❷ 「課程」vs「過程」：課程は教育課程のこと

　例 博士課程、過程は物事が変化し進行してある結果に達するまでのプロセス

❸ 「企業」vs「起業」：起業は会社を起こす(つくる)こと

❹ 「直す」vs「治す」：治すは病気のみに使用　例 風邪を治す

⇒ 106ページの【やってみましょう】をもう一度やってみましょう。

1 正しいものを選んでください。

① 私は経済 (学科 / 学課) で勉強しました。

② 大学時代、人間関係においては何よりも信頼を得られるよう (努めました / 務めました)。

③ 論文を書く資料を (収集 / 収拾) するために、夏休みは日本の大学めぐりをしました。

④ 私は以前から写真を撮ることが好きでした。(それから / そのため)、自然とカメラに興味を持つようになりました。

⑤ 私は何にでも楽しみを見出すことができます。(あるいは / また) 人の幸せそうな笑顔を見るためにがんばることができます。

⑥ 私はこれといった資格を持っていない。(とはいえ / ところで)、学生時代に勉強を怠けていたわけではない。

⑦ 私は資格よりもインターンシップや海外ボランティアなどの活動に (より / もっと) 力を注いできた。

⑧ たとえ、地方勤務になったとしても貴社が第一希望です。(なぜなら / しかも)、私の夢をかなえられる場所はここだけだという確信があるからです。

⑨ 日本語以外の外国語能力も身につけるために (けっこう / ずいぶん) 努力しました。

⑩ この経験から得た教訓は、これからも決して (覚えている / 忘れない) でしょう。

2　間違いを探して、正しく直してください。

① 試験には万全のコンディションで望めるように、体調管理を徹底して行った。
　　　　ばんぜん

　　→ _____。

② 私はこの起業に入って、自分の長年の夢をかなえたいと思っています。

　　→ _____。

③ 日本語の実力がどんどん上手になった。

　　→ _____。

④ この経験を通じて学んだことは、責任感が大事であると痛感した。

　　→ _____。

⑤ 何かアイディアがひらめいたときに、すぐにメモしとけるよう小さなノートを持ち歩く
　　ようにしてます。

　　→ _____。

⑥ 日本へ留学したばかりの頃、まだ日本語が下手で失敗しちゃったことがあります。

　　→ _____。

⑦ サークル活動と授業や資格のための勉強を両立させるのは大変だったが、そのおかげで
　　　　　　　　　　　　　　　　　　　　　　りょうりつ
　　時間管理がうまくできるようになりました。

　　→ _____。

⑧ ４年間、どれほど疲れていても、決してサークルの活動を休みませんでした。そのせい
　　で、皆勤賞を受賞しました。

　　→ _____。

第3課 履歴書の書き方

履歴書は応募者の基本情報を伝えるという意味で、非常に重要なものです。基本的なものであるからこそ、マナーやルールを間違えると、一般常識のない人だと評価されかねません。分かりやすく正確に情報を伝え、良い第一印象を持ってもらえるようにしましょう。

1 履歴書に記入する項目

次のポイントに注意しながら、過不足のないよう丁寧に書きましょう。

No.＿＿＿＿＿＿

履 歴 書

① 平成 25 年 4 月 1 日現在

ふりがな		い　みな		※男・女	④
氏　　名		② 李 美奈		印 李	
		③ 平成元年　　　3月　　　7日生(満　23歳)			
E-mail(任意)		mina@darakwon.ac.kr			
ふりがな		きょんぎど ぱじゅし むんばるろ 211		自宅電話	
現 在 所 〒		413－120		031-1234-5678	
		⑤ 京畿道 坡州市 文発路 211			
ふりがな				携帯電話(任意)	
連 絡 先 〒		ー		010-1234-5678	
		同上			

年	月	学歴・職歴(各項にまとめて書く)
		⑥ 学歴
平成14	2	ソウル市立多楽園小学校卒業
平成17	2	ソウル市立多楽園中学校卒業
平成20	2	ソウル市立多楽園高等学校卒業
平成20	3	多楽園大学日本学科入学
平成22	4	東京楽園大学に1年間交換留学
平成26	2	多楽園大学日本学科卒業見込
		⑦ 職歴
平成24	3	ワーキングホリデーで東京の赤坂プリンセスホテルに10ヶ月勤務
		以上

① 日付

　　・履歴書を記入した日ではなく、郵送、
　　　もしくはメールを送信した日付を書きます。

　　・特に指示がない場合は和暦で書くのが
　　　一般的です。生年月日・学歴・職歴欄とも
　　　表記を統一します。

　　・1989年1月7日までは昭和64年、
　　　1989年1月8日からは平成元年に
　　　なります。

西暦	和暦		西暦	和暦	
1986	昭和	61	2002	平成	14
1987	〃	62	2003	〃	15
1988	〃	63	2004	〃	16
1989	昭和	64	2005	〃	17
	平成	1	2006	〃	18
1990	〃	2	2007	〃	19
1991	〃	3	2008	〃	20
1992	〃	4	2009	〃	21
1993	〃	5	2010	〃	22
1994	〃	6	2011	〃	23
1995	〃	7	2012	〃	24
1996	〃	8	2013	〃	25
1997	〃	9	2014	〃	26
1998	〃	10	2015	〃	27
1999	〃	11	2016	〃	28
2000	〃	12	2017	〃	29
2001	〃	13	2018	〃	30

② 名前：氏名は漢字で書き、「ふりがな」とあれば
　　　　ひらがなで読み方を書き、「フリガナ」とあればカタカナで読み方を書きます。名前
　　　　（ファーストネーム）が漢字ではない場合、名字のみ漢字で書き、名前はカタカナで書
　　　　きます。
　　　　例 韓ヌリ、朴ソラ

③ 年齢：日付欄に記入した時点での満年齢を書きます。

④ 写真：スーツを着ている写真を貼ります。念のため、写真の裏に名前を書いておきましょう。

⑤ 住所：韓国在住の場合も、日本の履歴書なら住所は漢字で書き、読み方を書きます。
　　　　読み方は韓国式の発音に近い表記で書きます。
　　　　例 京畿道 → きょんぎど(○)、けいきどう(×)
　　　　「〒」の横には郵便番号を書きます。

⑥ 学歴：学歴をどこから書くか特に決まりはありませんが、小・中・高校までは卒業年次の
　　　　みを書き、それ以降は入学・卒業まで書くのが一般的です。学校名、学部(単科大
　　　　学)、学科など省略せずに正式名称で記入します。留学の場合、1年以上なら学歴欄
　　　　に書きますが、語学学校などへの短期留学なら書く必要はありません。

⑦ 職歴：正社員として働いた職歴を記入します。通常、アルバイトは書く必要はありません
　　　　が、就職活動に有利になるようなアルバイトの場合は書いても良いでしょう。ワー
　　　　キングホリデーでのアルバイトも同様です。
　　　　学歴・職歴を全て記入したら、最後に一行空けて「以上」と書きます。

年	月	⑧ 免許・資格
平成23	3	普通自動車第1種運転免許取得
平成24	8	TOEIC公開テストスコア830点取得
平成24	10	日本語能力試験N1取得

得意な科目	健康状態
日本語、英語	⑨ 良好

趣味	志望の動機
旅行、写真、観劇	学生時代にバックパックで世界20ヶ国を旅行し、今度は自分が旅の素晴らしさをお客様に伝える旅行業に就きたいと思いました。

スポーツ	
スキー、テコンドー2級	

本人希望記入欄(特に給料・職種・勤務時間・勤務地・その他についての希望などがあれば記入)

⑩

保護者(本人が未成年者の場合のみ記入)		電　話
氏名	住所　〒	

⑧　免許・資格：取得した順番に記入します。正式名称で記入しましょう。

　　　　例 日本語能力試験N1取得 / JPT日本語能力試験900点

　　　　普通自動車第1種運転免許

　　　仕事に関係がない趣味的な資格は「趣味・特技」の欄に記入します。

⑨　健康状態：特に問題が無ければ「良好」と記入します。「元気」「健康です」とは書きません。
　　　　　　　りょうこう

⑩　本人希望記入欄：特に無ければ空欄にしておくか、「特に無し」と書きます。「別にない」とは書きま
　　　　　　　　　くうらん
　　　せん。

2 その他

・読みやすい字で丁寧に書きましょう。
　　　　　　　ていねい
・記入は手書きの場合、黒のボールペンが基本です。

・書き間違えたら新しく書き直しましょう。二重線で消したり修正ペンを使ったりしてはいけません。
　　　　　　　　　　　　　　　　　　　　　　　　　しゅうせい
・パソコンで作成する場合、変換ミスに注意しましょう。

・封筒に入れる前にもう一度見直し、郵送前にコピーをとって保管しておきましょう。

下の履歴書を見て、問題のある部分はどこか、クラスメイトと話し合ってみましょう。

No._____

履 歴 書

年　　月　　日現在

ふりがな	キム　キジュン	※男・女
氏　　名	金 基準	印 ㊎
	昭和63年　7月　11日生(満　25歳)	
E-mail(任意)	kijun@darakwon.ac.kr	

ふりがな	そうるし まぽぐ ちゃんだりろ64-1	自宅電話
現 在 所	〒 121-894　　ソウル市 麻捕浦区 チャンダリ路64-1	02-9876-5432
ふりがな		携帯電話(任意)
連 絡 先	〒　　　　－　　　　同上	010-9876-5432

年	月	学歴・職歴(各項にまとめて書く)
		学歴
平成13	2	ソウル市立多楽園小学校卒業
平成16	2	ソウル市立多楽園中学校卒業
平成19	2	ソウル市立多楽園高等学校卒業
平成19	3	多楽園大学日本語日本文学科入学
		職歴
平成20	3	ロッテリアン(アルバイト)
平成20	6	教保書店(アルバイト)
平成24	9	ソウル日本語学院(アルバイト)
平成25	2	ハナロツアー(インターンシップ)

良くない例

パートナーと話し合って気がついた点をメモしておきましょう。

履歴書	① 平成 　年 　月 　日現在		No.＿＿＿＿

ふりがな	② キム キジュン	③ ※男・女
氏　名	金基準	印 ㊎
昭和63年 7月 11日生(満 25歳)		
E-mail(任意)　kijun@darakwon.ac.kr		

ふりがな	そうるし まぽぐ ちゃんだりろ64-1	自宅電話
現在所　〒 121-894 ④ ソウル市 麻捕浦区 チャンダリ路64-1		02-9876-5432
ふりがな		携帯電話(任意)
連絡先　〒　　　- 同上		010-9876-5432

年	月	学歴・職歴(各項にまとめて書く)
		学歴
平成13	2	ソウル市立多楽園小学校卒業
平成16	2	ソウル市立多楽園中学校卒業
平成19	2	ソウル市立多楽園高等学校卒業
平成19	3	多楽園大学日本語日本文学科入学 ⑤
		職歴
平成20	3	ロッテリアン(アルバイト) ⑥
平成20	6	教保書店(アルバイト)
平成24	9	ソウル日本語学院(アルバイト)
平成25	2	ハナロツアー(インターーんシップ)
		⑦

① 誤：記入した年月日を書いていない
　正：記入した年月日を書く

② 誤：キムギジュン
　正：きむぎじゅん
　　　「ふりがな」とひらがなで書いてある時は、ひらがなで書く

③ 誤：男女に丸をしていない
　正：どちらかに丸をする

④ 誤：二重線で消してある
　正：二重線や修正液は使わず、もう一度新しく書き直す

⑤ 誤：卒業見込みが書かれていない
　正：卒業見込みの年・月を書く

⑥ 誤：アルバイトを細かく書きすぎている
　正：短期アルバイトは職歴に入れない

⑦ 誤：「以上」がない
　正：「以上」を一行空けて下に書く

韓国では「TOEICは800点以下は恥ずかしくて点数を書けない」という人もいますが、日本は韓国ほど高い点数が求められません。大卒新入社員の平均でも500点程度です。

前のページで学んだことに注意して、正しい履歴書を完成させましょう。

履 歴 書

年　　月　　日現在

No.＿＿＿＿＿

ふりがな						※男・女
氏　　名						印
		年　　月　　日生(満　　歳)				
E-mail(任意)						

ふりがな	自宅電話
現 在 所　　〒　　－	

ふりがな	携帯電話(任意)
連 絡 先　　〒　　－	

年	月	学歴・職歴(各項にまとめて書く)

今まで学んできたことに注意して、自分の履歴書を書いてみましょう。

No.＿＿＿＿＿＿

履 歴 書

年　　月　　日現在

写真貼付

30mm×40mm

ふりがな		※男・女
氏　名		印
	年　　月　　日生(満　　歳)	
E-mail(任意)		

ふりがな		自宅電話
現在所 〒　　　　—		

ふりがな		携帯電話(任意)
連絡先 〒　　　　—		

年	月	学歴・職歴(各項にまとめて書く)

年	月	免許・資格

得意な科目	健康状態

趣味	志望の動機

スポーツ

本人希望記入欄(特に給料・職種・勤務時間・勤務地・その他についての規模などがあれば記入)

勤務事項
交通手段:

     線   駅→

     線   駅→

     線   駅→

     線   駅→

通勤時間:　　　分 / 交通費(片道)　　　円

家族氏名	年齢	続柄

配偶者を除く扶養人数(　　　)　　配偶者
配偶者の扶養義務※ 有 無　　※有・無

保護者(本人が未成年者の場合のみ記入)	電 話
氏名　　　　　　　　　　　　住所　〒	

第4課 エントリーシートの書き方

履歴書とは別に、各企業が独自に自己PRや志望動機などを書かせるのが「エントリーシート」です。数多くの企業が、何千人、何万人と応募してくる学生を大量に落とすための最初の関門としてエントリーシートを用いています。書類選考通過後の面接試験でも、エントリーシートに書いた内容を見ながら質問を受けることもよくありますので、話に一貫性のあるきちんとしたエントリーシートを作成しておくのはとても大切なことです。

1 エントリーシートの項目

エントリーシートは企業によって様式が異なりますが、大きく分けると以下の4つの項目から成り立っています。

1	自己PR
2	学生時代に取り組んだこと
3	志望理由
4	入社後に希望する仕事

自己PRは、企業に自分の魅力を理解してもらうための大切な項目です。TOEICで良いスコアを持っている、留学をしていた、サークル活動で代表をしていた…といった立派に見える経歴も、人事部の人から見たら「ごく普通のこと」に映ります。大切なのは「ごく普通のこと」を「特別な経験」のように見せることです。学生時代に取り組んだことも、何を取り組んだかということ以上に、学生がそこでどう感じてどう成長したかを人事の人は見ます。自己PRと併せて、前向きに努力する姿勢をアピールするようにしましょう。志望理由と入社後に希望する仕事も必ず聞かれる質問です。自己分析と企業研究をしっかりした上で書かなければ、説得力のあるものになりません。きちんとした書類を書くのは、予想以上に時間がかかるものです。早目早目に準備をしておくようにしましょう。

2 エントリーシートを書く際の注意点

エントリーシートはビジネス文書です。以下の点に注意して書きましょう。

> **1** 敬語はいらない
>
> **2** 簡潔に書く
>
> **3** 的確に答える

① 敬語はいらない

尊敬語や謙譲語を使う必要はありません。

また、「ですます」「だ・である」などの文体を統一させます。

例 「○○する予定でございます」→「○○する予定だ / です」

② 簡潔に書く

質問事項にだらだらと長く答えず、短めに答えます。一文が長くなってしまう人が多いので注意しましょう。

③ 的確に答える

「結論→具体的な説明」の順番で、聞かれた質問に対して分かりやすく的確に答えましょう。あいまいな表現を避け、読み手に理解してもらいやすい文章を心がけてください。

> 難しい言葉を使って書いたものが良い文章というわけではありません。読む人の気持ちを考え、分かりやすい文章を書くのが最も大切です。「面白いな、もっと読みたいな」「この学生と会って話してみたいな」と思われなければ、いくら立派なことを書いても意味がありません。形式だけに注意するのではなく、「ハートのある文章」を心がけたいですね。

3 エントリーシートを書く際のコツ

人事部には何千、何万というエントリーシートが届きます。その中で「いいな」と思ってもらうためには、いくつかのコツがあります。

> **1** 具体的なエピソードや数字を入れる
>
> **2** キャラクターを表現する
>
> **3** 第三者に見てもらう

① 具体的なエピソードや数字を入れる

何度も書いているように、内容は具体的に、相手にインパクトを与えるように書かなければいけません。例えば、「私は読書が趣味です」だけでは全く相手の記憶に残りませんが、「読書が趣味で、去年一年間だけで350冊の本を読みました」のように、細かな数字を提示することで、強い印象を与え、ユニークさをアピールすることができます。

② キャラクターを表現する

相手の頭の中に、あなたのキャラクターがはっきりと浮かんでくるような表現を使いましょう。「私は粘り強い人間です」よりも「私は雑草のような人間です」、「頼りがいのある人間だと言われます」よりも「皆をまとめる肝っ玉母さんだと言われます」のように、ユニークな表現で個性をアピールします。ただし、あまり個性が強すぎたり変わりすぎている内容は逆効果なので気をつけましょう。

③ 第三者に見てもらう

自分ひとりで書いていても、なかなか前に進めないことがあります。家族や友達に客観的に見てもらうことで、足りていない部分は何か、自分の知らない意外な長所は何かなどを教えてもらえるものです。そのためにも、エントリーシートは早めに書き上げて家族や友人などに読んでもらい、意見を聞いて何度も書き直しておくことが大切です。

> 学生同士でエントリーシートを読みあい、どれが一番良かったか選んでみましょう。他人のものを読むと、「こういう風に書けばいいのか！」と気付くことがあるはずです。

 **単語** 粘り強い 끈기 있다 ｜ 肝っ玉 배짱, 담력

![4] エントリーシートの失敗例

① 文章が抽象的で分かりにくい

「あらゆる努力」「多くの経験」「様々なこと」などのような曖昧な表現を使うのはよくありません。どのような「努力」「経験」「こと」なのか具体的な例と共に説明するよう心がけましょう。また「人生というのは…」などといった哲学的な内容や、一般論なども抽象的な内容にとどまり、結局自分自身とは関係ない話になってしまいます。書かないようにしましょう。

② マニュアル通りの内容で、「自分」が全く伝わらない

インターネットや本などを真似て、それらしく作成したところで、自分自身については全く伝えることはできません。マニュアル通りのエントリーシートは企業側も見飽きています。エントリーシートには正解はありません。誰かの書いたものをそのまま写したり、ありきたりのことばを並べるのではなく、「自分にしか書けないエピソード」を加えなければ、自分を正しく伝えることはできません。

③ アピールポイントがはっきりしない

あれもこれもと多くのことを盛り込みすぎると、結局何を伝えたかったのか印象に残らないものです。最も伝えたい内容だけに絞って、それを自分自身の具体的なエピソードと共に伝える方がよほどインパクトがあり、効果的です。

> エントリーシートをギリギリに出す学生が多いですが、人事担当者の立場になってみたら、ギリギリに出すのは良い印象ではありません。じっくり読んでもらうためにも、余裕を持って出しましょう。

第1章で考えた下の①～⑧の質問について、それぞれ300字程度(1分程度で話せる量)で書いてください。読み手に「興味深いな」「面白いな」と思いながら読んでもらえるよう工夫してみてください。

① 成功体験や感動体験について (第1章1課)

_____

_____

_____

_____

_____

_____

_____

_____

_____

_____

② 過去に失敗や挫折をして、それを乗り越えた経験について (第1章2課)

_____

_____

_____

_____

_____

_____

_____

_____

_____

_____

③　大学生活で力を入れて頑張ったこと（第1章3課）

_____

_____

_____

_____

_____

_____

_____

_____

_____

④　趣味について（第1章4課）

_____

_____

_____

_____

_____

_____

_____

_____

_____

⑤　自分の性格の長所と短所 (第1章5課)

⑥　将来の夢、どんな人生を歩んでいきたいか (第1章6課)

⑦　どうしてこの会社を選んだのか（第1章7課）

⑧　入社後、どんな仕事がしたいか（第1章8課）

書いてみましょう

今まで学んできたことを参考に、129ページのエントリーシートに記入してみましょう。

＜準備１＞　174ページの＜よくされる質問例＞の中から３つ質問を選びます。

質問１ _____

質問２ _____

質問３ _____

⬇

＜準備２＞　それぞれの質問について、キーワードとなる単語を３つずつ書いてください。

質問１ _____　_____　_____

質問２ _____　_____　_____

質問３ _____　_____　_____

⬇

＜準備３＞　キーワードを書いたら、そのキーワードを使ってクラスメイトに自分の考えを話します。クラスメイトと話して意見をもらったりしながら、頭の中で考えをまとめましょう。

⬇

実際にエントリーシートに記入します。

＜書き終わったら…＞

エントリーシートが完成したらクラスメイトと交換し、131ページの評価シートを使いながら、良かった点と改善すべき点について話してみましょう。パートナーは、「この話のこの部分はとても面白くて印象に残った」「あなたの場合、この話よりも〇〇の話の方が他人に興味を持ってもらえると思う」など、具体的にアドバイスしてあげましょう。

エントリーシート

記入日　　年　　月　　日

フリガナ			生年月日	
氏　　　名			年　　月　　日(　歳)	
現　在　所	〒	TEL		
携　帯　電　話				
E - m a i l				
休暇中の 連　絡　先	〒	TEL		
大　　　学	大学　　　　学部　　　　学科　　年　　月卒業 (予定)			
大　学　院	大学院　　　　　研究科　　年　　月卒業 (予定)			

写真貼付

4cm×5cm

ゼミ	(テーマ)　　　　　　　　　(担当教授)
出身高校	立　　　　高等学校
クラブ・サークル	(内容)　　　　　　　　　　(役職) (果たした役割・実務)
資格・特技	普通自動車免許(有・無)　英検　級　TOEIC　　点　TOEFL　　点 その他(　　　　　　　　　　　　　　　　　　　　　)
趣味・スポーツ	
アルバイト	
海外留学の経験 (短期語学研修は除く)	(国名)　　　　　　　(時期)　才　～　才　年　　ヶ月 (学校名)　　　　　　(理由・目的)
その他海外居住の経験	(国名)　　　　　　　(時期)　才　～　才　年　　ヶ月

質問1(　　　　　　　　　　　　　　　　　　　　　　　　　　　　)

_____

_____

_____

_____

_____

_____

_____

_____

質問2(　　　　　　　　　　　　　　　　　　　　　　　　　　　　　　　　）

_____

_____

_____

_____

_____

_____

_____

質問3(　　　　　　　　　　　　　　　　　　　　　　　　　　　　　　　　）

_____

_____

_____

_____

_____

_____

_____

弊社に伝えたいことがあれば、自由にご記入ください。

評価シート

5：非常によい　4：よい　3：ふつう　2：少し問題あり　1：問題あり

名前(学生)		
名前(評価者)		
日本語	① 話し言葉を使っていないか	5・4・3・2・1
	② 文末の表現は適切か （主語と述語の対応など）	5・4・3・2・1
	③ 文体は統一されているか （「ですます」「だ・である」）	5・4・3・2・1
	④ 簡潔に書かれているか （一文が長くなりすぎていないか）	5・4・3・2・1
	⑤ 誤字脱字はないか	5・4・3・2・1
内容	① 具体的に書けているか	5・4・3・2・1
	② オリジナリティはあるか	5・4・3・2・1
	③ 印象に残る内容だったか	5・4・3・2・1
よかった点		
改善点		

※ 評価する人数分コピーして使用

第5課 提出方法 / その他の文書

時間をかけて作成した書類はきちんと企業に届いてこそ意味があります。ここで失敗してしまうと、せっかくこれまで準備したものが台無しです。いくつかある提出方法それぞれのマナーや注意事項などを参考に、きちんと提出するようにしてください。

1 書類の提出方法

① 会社ホームページ

会社のホームページから、エントリーフォームを開き、入力後、送信ボタンを押して提出。

② メール

会社のホームページから、エントリーフォームをダウンロードしてPCから記入し、メール添付で提出。(詳細は133ページ参照)

③ 郵送

会社のホームページ、説明会、資料請求などから入手したエントリーフォームに手書き、またはPCで作成した書類をプリントアウトし、郵便で提出。(詳細は134ページ参照)

※ どの提出方法にも共通して言えることは、できる限り早めに提出することです。

2章1課でも書きましたが、締め切りを守るのはもちろん、ぎりぎりで提出するよりも、少しでも早めに提出することで熱意をアピールすることができます。

単語 台無し 엉망이 되다, 잡침 | 添付 첨부

メールで提出する際の注意点

就職活動の際には、書類提出以外でも企業とメールでやり取りすることも多くあります。ここでは、メールの書き方の基本についても合わせて説明します。

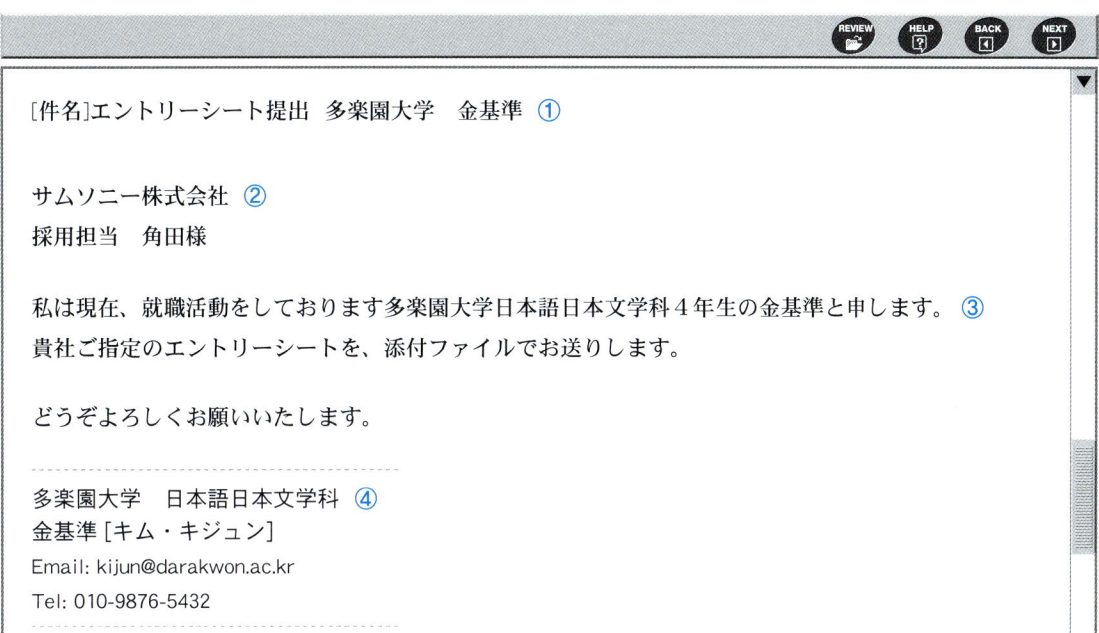

[件名]エントリーシート提出　多楽園大学　金基準　①

サムソニー株式会社　②
採用担当　角田様

私は現在、就職活動をしております多楽園大学日本語日本文学科４年生の金基準と申します。　③
貴社ご指定のエントリーシートを、添付ファイルでお送りします。

どうぞよろしくお願いいたします。

多楽園大学　日本語日本文学科　④
金基準 [キム・キジュン]
Email: kijun@darakwon.ac.kr
Tel: 010-9876-5432
-----

① 件名：どんなメールの際も必ず件名は書きます。件名は一目で内容が分かるものにしましょう。また、大学名と名前も書きましょう。

② 宛名：誰に宛てて書いたものか会社名と役職、名前を書きます。全て正式名称を使用しますが、担当者の名前が分からない場合は「採用ご担当者様」と書きます。

③ 本文：メールの場合、長いあいさつは不要で、用件のみを簡潔に書きます。

④ 署名：メールの最後には署名を入れます。署名には、名前と読み方、大学名、学科、連絡先などを書いておくといいでしょう。

注意!

＜送信ボタンを押す前に確認！＞
❶ メールアドレス：これを間違えると相手に届きません。
❷ ファイルの形式：自由形式の場合、Microsoft Word、Excel、PDFなど指定の形式は何かを確認しましょう。日本ではハングルファイルはほとんど用いられません。指定がないかぎり使用しないようにしましょう。
❸ ファイルの添付：うっかり忘れることが多いので注意しましょう。
❹ 文字：誤字脱字はないか、また、文字化けしそうな文字は使っていないかも確認しましょう。

3 郵送で提出する際の注意点

封筒の書き方

郵送の場合、封筒の書き方が日本と韓国では少し違うので注意が必要です。日本では基本的に封筒は縦書きです。

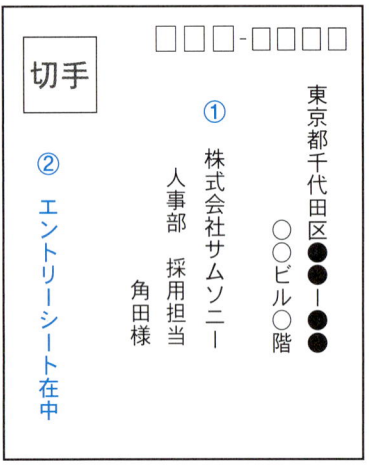 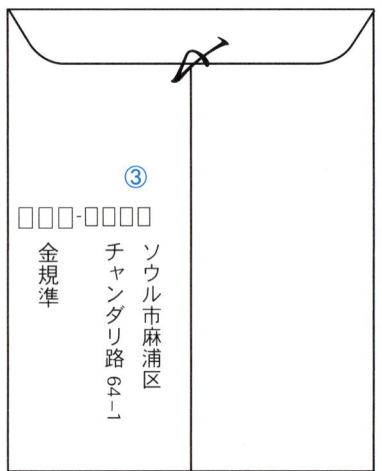

① 宛名の書き方

宛先	敬称	例
個人	様、先生	角田　様
官庁、会社、学校などの団体	御中	株式会社サムソニー　御中
職名	様	人事部　採用ご担当者　様
個人名のついた職名	様	人事部　角田　様

② 左側に内容物を書きましょう。

「エントリーシート在中」または、「履歴書在中」と相手にわかりやすいように赤字で書きます。

③ 封筒裏面

自分の氏名、住所、郵便番号を書きます。最後に封じ目に「〆」を書きましょう。

> 注意!
>
> ❶ 通常のエントリーシートのサイズ（通常Ａ４サイズ）に合った封筒を選びましょう。
>   書類を折りたたんではいけません。
>
> ❷ 書類はクリアファイルに入れてまとめましょう。
>
> ❸ 締め切りは必ず守りましょう。
>
>   ・1月1日到着分まで有効：1月1日までに郵便物が会社に到着しなければならない
>
>   ・1月1日消印有効：1月1日までに郵便受付をされていなければならない

← 消印

普通郵便で大丈夫ですが、締め切りまでに時間がなければ速達、指定があれば書留。韓国から
日本へ送る場合にはEMSを利用しましょう。

カバーレターの書き方

送付状(カバーレター)をつけましょう。ただし、企業によっては不要と明記している場合があ
ります。その際は入れると逆効果なので注意しましょう。

2013年5月25日
サムソニー株式会社
人事担当角田様　①

〒121-894　大韓民国
ソウル市麻浦区チャンダリ路64-1
携帯番号：010-9876-5432
金　基準

拝啓
新緑の候、貴社いよいよご清祥のこととお慶び申し上げます。　②

先日は、会社説明会に参加させていただき、誠にありがとうございました。
この説明会では、現場の方が参加されて具体的な仕事内容をご説明いただき、貴社で働きたいという気持
ちをより強く抱くようになりました。

つきましては、応募書類一式をお送りいたしますので、ご検討の上、是非一度お目にかかり、お話しする
機会を与えていただければ幸いです。

以下を同封いたします。　③
・履歴書1通
・エントリーシート1通
・本書1通　　　　　　　　　　計3通

何卒、よろしくお願いいたします。

敬具

---

① 宛名

② 挨拶文：文頭に「拝啓」文末に「敬具」と書きます。そして、本文の最初に＜時候のあいさ
　　　　つ＞を書きましょう。時候のあいさつは、月によって使い分けます。

1月	新春の候、 しんしゅん　こう
2月	立春の候、 りっしゅん　こう
3月	浅春のみぎり、 せんしゅん
4月	春陽の候、 しゅんよう　こう
5月	新緑の候、 しんりょく　こう
6月	初夏の候、 しょか　こう
7月	盛夏の候、 せいか　こう
8月	晩夏のみぎり、 ばんか
9月	新秋快適のみぎり、 しんしゅうかいてき
10月	秋涼爽快のみぎり、 せいりょうそうかい
11月	暮秋の候、 ぼしゅう　こう
12月	寒気厳しき折柄、 さむけきび　　おりがら

貴社いよいよご清祥のこととお慶び申し上げます。
きしゃ　　　　　　せいしょう　　　　　　よろこ　もう　あ
貴社ますますご繁栄のこととお慶び申し上げます。
　　　　　　はんえい
貴社ますますご清栄のこととお慶び申し上げます。
　　　　　　せいえい

③ 同封書類リスト：送付状と一緒に同封する書類のリストを書きます。その際、履歴書や職
　　　　　　　　　　務経歴書はもちろん、送付状も「本書」とリストに書きましょう。

4 その他文書

就職活動の際に必要となるメールの実例を紹介します。

資料請求 メール

[件名]資料送付のお願い　多楽園大学　李美奈

ＪＴＤ旅行
採用ご担当者様

突然のメール失礼いたします。
私は現在、就職活動をしております多楽園大学日本学科４年の李美奈と申します。

貴社の「安心」と「信頼」、そして「安らぎ」を理念に、お客様に目を向けたサービスを提供しようと日々取り組んでおられる姿勢に深く感銘を受けました。

つきましては、より深く貴社に関して企業研究させていただきたいと思いますので、会社案内などの貴社資料がございましたらお送りいただけませんでしょうか。

メールにて添付していただける資料がございましたら、そちらでも構いません。

郵送の場合は下記住所宛にご送付いただければ幸いに存じます。

李美奈
〒413-120　京畿道坡州市文発路２１１
電話番号：031-1234-5678

お忙しいところ大変お手数をおかけしますが、何卒よろしくお願い致します。

李美奈(イ・ミナ)
多楽園大学　日本学科
Email: mina@darakwon.ac.kr
Tel: 010-1234-5678

[件名]資料送付ありがとうございました　多楽園大学　金基準

サムソニー株式会社

人事担当角田様

先日、ホームページを通して資料請求いたしました、多楽園大学日本語日本文学科金基準と申します。

このたびは、お忙しい中、貴社の資料をお送りいただきありがとうございました。

早速拝見し、貴社への志望の気持ちをより強く抱くようになりました。

今後、会社説明会にも是非参加させていただき、より具体的な業務内容・仕事内容をお聞きできればと思っております。

今後も何かとご連絡を差し上げると思いますが、何卒よろしくお願いいたします。
　　　　　　　　　　　　　　　　　　なにとぞ
取り急ぎ、資料ご送付のお礼を申し上げます。

多楽園大学　日本語日本文学科
金基準［キム・キジュン］
Email: kijun@darakwon.ac.kr
Tel: 010-9876-5432

[件名]説明会予約申し込み　多楽園大学　李美奈

ＪＴＤ旅行

採用ご担当者様

多楽園大学日本学科の李美奈と申します。突然のメール申し訳ありません。

将来ぜひとも旅行業への就職を考えており、企業、また業界の研究を行っています。

さて、今回は7月20日、ソウルホテルでの単独説明会にて、

貴社の経営方針や店舗管理などを研究させていただきたく、

その予約のためにメールをさせていただきました。

どうぞよろしくお願いします。

李美奈(イ・ミナ)
多楽園大学　日本学科
Email: mina@darakwon.ac.kr
Tel: 010-1234-5678

　学生たちの履歴書やエントリーシートをチェックしていて意外と多くて驚くのが、企業の志望動機の欄に嘘を書いてしまうということです。たとえば、使ったこともないのに、その企業の商品を「使ったらとてもよかったです」と書いたり、行ったこともないのに「〇〇は素晴らしい場所でした」と書いたりする、などです。たとえ小さなウソであっても、後から話のつじつまが合わなくなって大変なことになる場合もあります。そもそもウソを書いたことがバレた時点で、社会人としての信用を失います。

　志望する企業のサービスや商品を使ったことがなくても、心配しすぎる必要はありません。可能な限りその企業のサービスや商品について調べ、知識を頭に入れておくだけでも十分役に立ちます。また、深く調べていけば、そこで得た知識を応募書類の志望動機にも自然と盛り込めるようになり、熱意が相手にも伝わるはずです。まずは、その企業のホームページを隅から隅までしっかりと読みましょう。

終 自己評価 Can-do リスト

よくできる：4　できる：3　あまりできない：2　できない：1

1	就職のための書類に適切な表現や語彙を用いることができる	☐
2	実際の出来事や経験について、就職活動にふさわしい書き方のルールに従って、明瞭かつ読み手の記憶に残るように記述することができる。	☐
3	就職を希望する会社に送るエントリーシートなどに、会社にどのように貢献できるかについて、根拠となる具体的なエピソードを交えながら、自己ＰＲ文を明瞭に詳しく書くことができる。	☐
4		☐

※ 4つ目はクラスで目標を決めましょう。

面接対策

始 **自己評価 Can-do リスト**

よくできる：4　できる：3　あまりできない：2　できない：1

1	就職面接に適切な礼儀正しい言葉遣いで、述べたいことを自信を持って言うことができる。	☐
2	面接に必要な幅広い語彙やフレーズを習得している。定型表現や口語表現を上手く使うことができる。	☐
3	日本の面接におけるマナーを理解し、適切に行動できる。	☐
4		☐

※ 4つ目はクラスで目標を決めましょう。

第1課 面接の基礎知識

書類選考に通ったら、次は面接です。面接の形式にはいくつかあります。それぞれのポイントをしっかり理解し、落ち着いて臨みましょう。
のぞ

考えてみましょう

① 面接の際、どんなことをアピールしたほうがいいと思いますか。

② 集団面接の際、自分が答えようとしていたことを前の学生に先に言われてしまった場合、あなたならどうしますか。

③ 第一志望ではない会社の面接で「我が社は第一志望ですか」と質問されたら、どう答えますか。

1 面接の形態

	集団面接	個人面接1	個人面接2
形態	複数の受験者に、複数の面接官	面接官と1対1	一人の受験者に、複数の面接官
面接時間	10分〜	5分〜	5分〜
注意点	・自分ばかり目立とうとしない。（集団の中でどうふるまうのかも見られている） ・周りの話す内容に動揺せず、自分の考えを伝える。 どうよう ・先に話した人と同じ答えでも、自分の意見を変えなくてもいい。その場合、「○○さんがおっしゃったように〜」と続けることで、きちんと他の学生の話も聞いているというアピールになる。	・面接官とのコミュニケーションが大切だが、なれなれしくしすぎない。 ・余計なことまで話し過ぎないようにする。	・緊張して萎縮してしまわないようにする。 ・かなりつっこんだ質問も覚悟する。 しつもん ・基本的には質問をした面接官を見ながら話すが、他の面接官にも目線を向けるようにする。

単語 **なれなれしい** 허물없다, 버릇없다 ｜ **萎縮** 위축 ｜ **つっこんだ質問** 날카로운 질문, 핵심을 찌른 질문
いしゅく　　　　　　　　　　　　しつもん

　1回の面接だけで採用を決める会社もありますが、普通は3回、多いところでは5回の面接が行われます。その際、形式や質問内容・視点などが変わります。1次では集団面接、2次以降は個人面接になる場合が多いようです。

回を重ねるごとに重役が出てきます。とはいえ、1次面接を甘く見てはいけません。この面接に合格しないと次のステップに進めません。どの面接も最終面接を受けているのと同じ緊張感をもって臨みましょう。

> 面接の合否は電話で来ることが多いので、必要なことをすぐ書けるよう、メモ用紙とペンは常に持ち歩きましょう。

① 1次面接(人事担当者面接)

　グループ面接を行うケースが一般的です。

　主にエントリーシートや履歴書などの応募書類に基づいた質問をされます。

② 2次面接(部課長面接)

　入社後に直属の上司となる部長クラスや役員が出席する場合が多いようです。

　質問内容も深くつっこんだものになりますので、より具体的な準備が必要です。

③ 3次面接(役員面接)

　採用が決定する最終面接では、役員が出てくることが大半です。2次面接で既に採用が決定しており、最終的な確認だけの場合もあれば、最後まで厳しくチェックされる場合もあります。

採用！

単語　重役 중역 ｜ 合否 합격 여부 ｜ 役員 임원, 중역

最終面接に残る学生は皆優秀な人ばかりです。その中で合格を手にする鍵（かぎ）は、自分の能力をアピールする以上に「その会社に入りたい」という熱意を強くアピールすることです。企業が重視している1位が「人柄」、そして2位が「企業への熱意」という調査結果もあります。

＜熱意の効果的なアピール方法＞

❶ インターネットなどで企業の歴史について徹底的に調べ、「自分は会社の理念や創設者（りねん）（そうせつしゃ）の理念をしっかりと理解した上で、それに沿って組織の中で活躍したい」ということを伝える。

❷ 希望する企業の商品・サービスを実際に使い、感想を伝えることで、その会社に興味を持っていることが嘘ではないことを具体的に示す。（大変有効です）

❸ その会社の様々な部署や業務内容を調べた上で、「自分の能力なら、御社の〇〇の部署でこんなことができる」と、自分がその会社にとって役に立つ人物であることを明確に示す。

3 面接のテクニック

面接の内容については基本的にエントリーシートを書く際に気をつけることと同じですが、面接はコミュニケーションの場です。マナーを守り、相手に聞かれたことについて、適切な言葉づかいで答えることが大切です。

注意点

① まず結論を言い、その後、エピソードへと続ける。

② 具体的かつインパクトのあるエピソードを必ず入れる。

③ 一つの質問につき、一つのことに絞って答える。

④ 言い訳やネガティブな姿勢は見せず、やる気と熱意を前面に出す。

⑤ ある程度の敬語を織り交ぜ、丁寧な言葉づかいで話す。

⑥ 丸暗記したことをスピーチのように話してはいけない。

こんなときはこうしよう

① 知らないことを聞かれた場合

「申し訳ございませんが、わかりません。これから勉強します。」と正直に答えましょう。

② 「我が社は第一志望ですか」と質問された場合

まだはっきり決めていない状況であっても必ず「御社が第一志望ですので、必ず入社させていただきます」と答えましょう。この質問以外にもあなたのやる気や、入社の意思を確かめる質問はいろいろな形態でされます。いずれも、「必ず入社したい」「入社後は一生懸命がんばる」という熱意をアピールしましょう。

③ 意地悪な質問(圧迫面接)をされた場合

100%落とすつもりの学生にはこのような質問をしません。

むしろ可能性があるのだと思い、表情を崩さず、冷静、かつ明るく元気に答えましょう。

決してあわてたり、感情的になってはいけません。

単語 織り交ぜる 섞다 ｜ 表情を崩す 표정을 흘트리다

第2課 面接の日本語

かなりの日本語上級者でも、面接の際の敬語に不安を感じている学生は少なくありません。あまりにカジュアルではいけませんが、基本的には「ですます」で話せば大丈夫です。さらに最低限のあいさつやマナーを守った表現を身につけておけば、自信を持って面接に臨めるでしょう。

1 敬語❶ (特定形)

敬語とは、相手に対し敬う気持ちを表現する際に用いる言葉です。敬語には、尊敬語、謙譲語などの種類があります。そして、尊敬語と謙譲語には「行く→いらっしゃる」のように一部の動詞にだけある特定形と、いろいろな動詞に適用できる「お〜になる」などの形があります。まずは、特定形から確認しましょう。

やってみましょう

＿＿＿＿の部分を敬語の特定形にしてください。

① 人事部の角田さんはいますか。

→ 人事部の角田さんは＿＿＿＿＿＿＿＿＿＿＿＿＿＿＿＿。

② ＜電話で＞ はい、では明日の午後3時にそちらへ行きます。

→ はい、では明日の午後3時にそちらへ＿＿＿＿＿＿＿＿＿＿＿＿＿。

③ 先ほど、李さんが言った意見に私も同意します。

→ 先ほど、李さんが＿＿＿＿＿＿＿＿＿＿意見に私も同意＿＿＿＿＿＿＿＿＿＿。

④ 御社のパンフレットを見ました。

→ 御社のパンフレットを＿＿＿＿＿＿＿＿＿＿＿＿＿＿＿＿。

⑤ あちらの受付で聞きました。

→ あちらの受付で＿＿＿＿＿＿＿＿＿＿＿＿＿＿＿。

> tip 尊敬語と謙譲語、どちらを使わなければならないかにも注意してください！

単語 敬う 존경하다

解説

敬語には「尊敬語」「謙譲語」「謙譲語Ⅱ（丁重語）」「美化語」の５種類がありますが、まずは下の３種類を覚えておきましょう。

> ・尊敬語：相手を高めることで、敬う気持ちを表す。（主語は相手側）
>
> ・謙譲語：自分を低めることで、敬う気持ちを表す。（主語は自分(側)）
>
> ・丁寧語：「です、ます」などを用い丁寧に話すことで、敬う気持ちを表す。
>
> 　　　　　（主語は関係ない）

＜就職活動でよく使う敬語の特定形と丁寧形＞

基本	特定形		丁寧語
	尊敬語	謙譲語	
する	なさる	いたす	します
いる	いらっしゃる	おる	います
言う	おっしゃる	申す / *申し上げる	言います
聞く	―	*伺う	聞きます
見る	ご覧になる	*拝見する	見ます
行く	いらっしゃる	参る / *伺う	行きます
来る	いらっしゃる / お見えになる		来ます
もらう	―	いただく	もらいます
知っている	ご存知だ	存じている / *存じ上げている	知っています
～だ	～でいらっしゃいます	～でございます	～です

注意！

❶ 「いらっしゃる、おっしゃる、なさる」の「～ます」の形に注意しましょう。

いらっしゃる	いらっしゃいます(○)	いらっしゃります(×)
おっしゃる	おっしゃいます(○)	おっしゃります(×)
なさる	なさいます(○)	なさります(×)

❷ 尊敬語と謙譲語を間違って使わないよう主語に注意しましょう。

人事部の山田さんはおりますか。(×) → いらっしゃいますか。(○)
私はここまで地下鉄でいらっしゃいました。(×) → 参りました。(○)

❸ 謙譲語の内(*)は敬う相手のない行為には使えません。

御社のパンフレットを拝見しました。(○)
私は映画を拝見しました。(×) → 見ました。(○)

⇒ 146ページの【やってみましょう】をもう一度やってみましょう。

2 敬語❷（一般形・その他の形）

特定形の他に、規則に当てはめることで、ほとんどの動詞に適用することができる形もあります。

やってみましょう

次の動詞をそれぞれ尊敬語、謙譲語の一般形に変えて書いてみましょう。

<尊敬語>

① 読む ＿＿＿＿＿＿＿＿＿＿＿＿　⑥ 出かける ＿＿＿＿＿＿＿＿＿＿＿

② 聞く ＿＿＿＿＿＿＿＿＿＿＿＿　⑦ 席を外す ＿＿＿＿＿＿＿＿＿＿＿

③ 話す ＿＿＿＿＿＿＿＿＿＿＿＿　⑧ 出発する ＿＿＿＿＿＿＿＿＿＿＿

④ 使う ＿＿＿＿＿＿＿＿＿＿＿＿　⑨ 説明する ＿＿＿＿＿＿＿＿＿＿＿

⑤ 帰る ＿＿＿＿＿＿＿＿＿＿＿＿　⑩ 出席する ＿＿＿＿＿＿＿＿＿＿＿

<謙譲語>

① 読む ＿＿＿＿＿＿＿＿＿＿＿＿　⑥ 持つ ＿＿＿＿＿＿＿＿＿＿＿

② 聞く ＿＿＿＿＿＿＿＿＿＿＿＿　⑦ 探す ＿＿＿＿＿＿＿＿＿＿＿

③ 話す ＿＿＿＿＿＿＿＿＿＿＿＿　⑧ 連絡する ＿＿＿＿＿＿＿＿＿＿＿

④ 渡す ＿＿＿＿＿＿＿＿＿＿＿＿　⑨ 紹介する ＿＿＿＿＿＿＿＿＿＿＿

⑤ 送る ＿＿＿＿＿＿＿＿＿＿＿＿　⑩ 案内する ＿＿＿＿＿＿＿＿＿＿＿

 tip 敬語をたくさん使えば丁寧になるというわけではありません。全て敬語で！と考えず、適度に使いましょう。

単語 当てはめる 들어맞추다, 적용시키다

解説

規則に当てはめて作る形は、尊敬語、謙譲語共に複数ありますが、敬意の程度や含まれるニュアンスに違いがあります。

＜尊敬語＞

① 一般形：お＋(動詞ます形の語幹)＋になる / ご＋(漢語名詞)＋になる

> 例 「読む→お読みになる」「話す→お話しになる」 / 「利用する→ご利用になる」「出席する→ご出席になる」

② ～(ら)れる：受身形と同じ形

　※ ①より敬意の程度が低い

1グループ	2グループ	3グループ
ウ段 → ア段+れる	る → られる	不規則
書く → 書かれる 話す → 話される 作る → 作られる	見る → 見られる 調べる → 調べられる	する → される 来る → 来られる

＜謙譲語＞

① 一般形：お＋(動詞ます形の語幹)＋する / ご＋(漢語名詞)＋する

> 例 「読む→お読みする」「話す→お話する」 / 「案内する→ご案内する」「説明する→ご説明する」

② ～(さ)せていただく：(動詞使役形の語幹)＋ていただく

　※ 相手の許可を受けて自分が行う場合に使用。多用しすぎないように。

1グループ	2グループ	3グループ
ウ段 → ア段+せていただく	る → させていただく	不規則
書く → 書かせていただく 話す → 話させていただく 作る → 作らせていただく	見る → 見させていただく 調べる → 調べさせていただく	する → させていただく 来る → 来させていただく

注意!

❶ 二重敬語に注意：敬語の特定形をさらにこの形に当てはめると二重敬語となり、誤りです。

　いらっしゃられる(×) → いらっしゃる(○)

　お調べさせていただく(×) → お調べする(○)

❷ 謙譲語の一般形も敬う相手のない行為には使えません。

　昨日、日記をお書きしました(×) / 書かせていただきました(×) → 書きました(○)

⇒ 148ページの【やってみましょう】をもう一度やってみましょう。

3 呼称
こ しょう

「呼称」とは自分や相手の呼び方のことです。韓国語を直訳した場合、日本語では不自然になることもあります。また、書き言葉と話し言葉の違いにも注意が必要です。

やってみましょう

間違いを探して正しく書き直してください。

① 「僕は多楽園大学から参りました金基準と申します。」

→ _____

② ＜役員面接で＞「社長様は…」

→ _____

③ ＜受付で＞「この書類は角田人事部長様にお渡しすればよろしいでしょうか。」

→ _____

④ 「最も尊敬する人は、私のおじいさんです。」

→ _____

⑤ 「貴社の製品はとてもすばらしく、以前から愛用しておりました。」
あいよう

→ _____

解説

面接でよく使われる呼称の例です。面接では自分のことを「あたし / 僕 / 俺」などと言わないようにしましょう。

	面接でよく使われる呼称
1人称(私 / あたし / 僕 / 俺)	私
私たち	私ども
応募している企業	御社(一般企業)、御行(銀行)、御校(学校) ※ 貴社 / 貴行 / 貴校は書き言葉
この人	こちらの方
受付の人	受付の方
この会社の人達	御社の方々 / 御社の皆様
誰	どちら様 / どなた様
面接官	○○さん
代表取締、社長	社長、社長の○○様
家族について話す場合	父、母、両親、祖父、祖母
我が国	韓国

注意!

日本語では自分の家族のことを面接官に話す時、その家族が自分より目上であっても謙譲表現を使います。尊敬表現を使わないよう注意しましょう。

・私のお母さんは、小学校の教師をしていらっしゃいます。(×)
・私の母は、小学校の教師をしております。(○)

⇒ 150ページの【やってみましょう】をもう一度やってみましょう。

会社の組織によって「御社、御行、御校、御法人」など呼び分けますが、よく分からなくなった場合は「御社」または「○○(会社名)さん」で大丈夫です。敬語は難しいですが、あまり緊張しすぎないようにしましょう。大切なのは「何を話すか」です。

4 改まった表現
あらた

面接では話し言葉の縮約形などは使わず、普段の会話よりも改まった表現を使うようにしましょう。
しゅくやくけい

やってみましょう

_____の間違いを正しく書き直してください。

① 今日はよろしくお願いいたします。

→ _____

② さっきもお話ししたように、

→ _____

③ あとでこの書類にサインをしておきます。

→ _____

④ 中国語も少々できるけど、日常会話程度です。

→ _____

⑤ 日本は物価が高いじゃないですか。

→ _____

⑥ だから、留学時代とても大変だったんです。

→ _____

 tip 面接では言葉づかいも大切ですが、「私はぁ〜」「それでぇ〜」のように、語尾を強くしたり上げ
たりしないよう、話し方にも気をつけましょう。
ごび

単語 改まった 격식을 차린, 정중한
あらた

面接でよく用いられる改まった表現の例です。普段の会話では聞きなれない表現もありますが、面接で自然に使えるように練習しておきましょう。

	改まった表現
今日 きょう	本日 ほんじつ
昨日 きのう	昨日 さくじつ
明日 あした	明日(みょうにち / あす)
去年 きょねん	昨年 さくねん
この前 まえ	先日 せんじつ
さっき	先ほど さき
すぐに	早速 / 直ちに / 至急 さっそく　ただ　　しきゅう
もうすぐ	間もなく ま
あとで	のちほど
1時間ぐらい	1時間ほど
これ / それ / あれ / どれ	こちら / そちら / あちら / どちら
でも / けど	ですます体＋が(〜ですが / しますが)
だから	それで / ですので / そのため
普通体＋し(〜だし / するし)	ですます体＋し(〜ですし / しますし)
普通体＋から(〜だから / するから)	ですます体＋から / ので (〜ですから / しますから) ※「ので」の方がより丁寧な印象を与えます。

※ 2章2課(99ページ)で勉強した縮約形や話し言葉も面接の場面にはふさしくありません。

注意!

＜その他NG表現＞

❶ はいはい：「はい」を繰り返して言わない。

❷ 〜じゃないですか：このような表現は使わず「です(よね)」「ます(よね)」で終える。

❸ 〜よ / 〜ね / 〜んです：多用すると、失礼な印象を与える場合があります。

⇒ 152ページの【やってみましょう】をもう一度やってみましょう。

5 クッション言葉

クッション言葉とは、直接伝えると失礼に思える内容の前置きとして使う言葉のことです。これを使うと全体的な印象がやわらかくなります。

やってみましょう

正しいものを選んでください。

① (お手数をおかけしますが / せっかくですが) 人事部の角田様をお願いします。
　　　てすう

② (恐れ入りますが / 失礼とは存じますが)、面接会場はどちらですか。
　　おそ　い

③ 日程の調整が難しいため (まことに残念ですが / ご面倒をおかけしますが) 辞退させていた
　　　　　　　　　　　　　　　　　　　　　　　　めんどう　　　　　　　　　　じたい
　だきます。

④ (差し支えなければ / ご都合のよいときで結構ですので) 明日の展示会も見学させていただ
　　さ　つか　　　　　　　　つごう　　　　けっこう　　　　　　　　　てんじかい
　けないでしょうか。

⑤ (ご面倒をおかけしますが / せっかくですが) 今回は遠慮させていただきます。
　　　　　　　　　　　　　　　　　　　　　　　　　　　　えんりょ

tip 何かお願いするときや、断るときには特に気をつけなければいけませんね。

クッション言葉は、面接中はもちろん、面接前後の担当者や受付でのやりとりの際にもよく使う表現です。「お願いするとき」「断るとき」と大きく2つに分けて紹介しますが、意味をよく理解した上で、より適切な表現を選べるように練習しましょう。

お願いするとき	断るとき
恐れ入りますが （おそ　い） 恐縮ですが （きょうしゅく） よろしければ お手数をおかけしますが （て すう） ご足労をおかけしますが （そくろう） ご面倒をおかけしますが （めんどう） ご都合のよいときで結構なので （つ ごう）　　（けっこう） 差し支えなければ （さ　つか）	せっかくですが まことに残念ですが （ざんねん） 大変恐縮ですが （たいへんきょうしゅく） 失礼とは存じますが （しつれい）　（ぞん） 申し上げにくいのですが （もう　あ） 身に余るお言葉ですが （み　あま　ことば）
申し訳ございませんが （もう　わけ）	

例
- 恐れ入りますが、もう一度おっしゃっていただけますでしょうか。
- よろしければ、資料を送っていただけないでしょうか。
- 差し支えなければ、いつまでにご連絡をいただけるか教えていただけますでしょうか。
- 申し訳ございませんが、その日は予定が入っておりまして…
- せっかくですが、本日は夕方から授業がございまして…

> **注意!**
> ❶ 担当者を呼び出してもらうとき
>
> （恐れ入りますが / お手数をおかけしますが）人事部の角田様をお願いします。
>
> （×）→ 差し支えなければ：必ず呼び出してもらう必要がある時には合わない。
>
> ❷ 近くの社員に面接会場を聞くとき
>
> （恐れ入りますが）面接会場はどちらですか。
>
> （×）→ お手数をおかけしますが：相手に何か行動を起こしてもらう場合に必要。
>
> ただ質問して答えてもらうだけなら「手数」は使わない。

⇒ 154ページの【やってみましょう】をもう一度やってみましょう。

６ 役立つフレーズ

自己ＰＲや志望動機など、面接で話す内容は準備していても、面接会場では思いもしなかったアクシデントや困った状況なども起こるものです。そんな時に必要となる表現も覚えておきましょう。

やってみましょう

こんな場面では、どのように言えばいいでしょうか。

①　＜受付で＞　自分の名前がないと言われた。

→ ＿＿＿＿＿＿＿＿＿＿＿＿＿＿＿＿＿＿＿＿＿＿＿＿＿＿＿＿＿＿＿＿＿＿＿＿ 。

②　書類を提出するように言われ、かばんから書類を取り出すとき。

→ ＿＿＿＿＿＿＿＿＿＿＿＿＿＿＿＿＿＿＿＿＿＿＿＿＿＿＿＿＿＿＿＿＿＿＿＿ 。

③　＜電話で＞　次回の面接日時についての連絡があったが、相手の声が小さくてよく聞こえない。

→ ＿＿＿＿＿＿＿＿＿＿＿＿＿＿＿＿＿＿＿＿＿＿＿＿＿＿＿＿＿＿＿＿＿＿＿＿ 。

④　＜面接後＞　いつ連絡がくるか聞きたい。

→ ＿＿＿＿＿＿＿＿＿＿＿＿＿＿＿＿＿＿＿＿＿＿＿＿＿＿＿＿＿＿＿＿＿＿＿＿ 。

⑤　お茶を出され、飲むように勧められた。
　　　　　　　　　　　　すす

→ ＿＿＿＿＿＿＿＿＿＿＿＿＿＿＿＿＿＿＿＿＿＿＿＿＿＿＿＿＿＿＿＿＿＿＿＿ 。

⑥　＜面接終了直前＞　質問したいことがある。

→ ＿＿＿＿＿＿＿＿＿＿＿＿＿＿＿＿＿＿＿＿＿＿＿＿＿＿＿＿＿＿＿＿＿＿＿＿ 。

tip　全て丸暗記するのは会話が不自然になるので良くありませんが、いざというとき落ち着いて対処できるように、よく使いそうな表現をいくつか覚えておくのは大切ですね。

記憶しておくと面接や電話で役に立つフレーズをまとめました。

	面接や電話で役に立つフレーズ
教えます	ご説明いたします
帰ります	失礼いたします
見せます	お見せします、ご覧に入れます
どうですか	いかがでしょうか
繰り返します	復唱いたします、繰り返し申し上げます
ちょっと待ってください	少々お待ちいただけますか
確かめてください	お確かめいただけますか
電話します	お電話させていただきます
電話してください	お電話いただけますか
連絡はいつ来ますか	ご連絡はいついただけますか
電話の声が小さいです	少々お電話が遠いのですが
大きい声で話してください	もう少し大きい声でお話しいただいてもよろしいでしょうか
(もう一度 / もう少しゆっくり)言ってください	(もう一度 / もう少しゆっくり)おっしゃっていただいてもよろしいでしょうか
※ 何かを受け取る場合	いただきます / 頂戴いたします

＜依頼・許可の表現＞

① 相手にしてもらうようお願いする場合

- ～(て形 / お＋ます形)＋いただけますか / ますでしょうか

- ～(て形 / お＋ます形)＋いただいてもよろしいでしょうか

例 確かめていただけますか。

　　お確かめいただいてもよろしいでしょうか。

② 自分がすることを許可してもらう場合

- ～(さ)せていただけますか / ますでしょうか

- ～(さ)せていただいてもよろしいでしょうか

例 ご質問させていただいてもよろしいでしょうか。

⇒ 156ページの【やってみましょう】をもう一度やってみましょう。

総合問題 ✎

1 面接の場面で、よりふさわしい表現を選んでください。

① 私の両親もそう (おっしゃっていました / 申しておりました)。

② 先ほどの方が (おっしゃった / 申した) ように、私もそう思います。

③ すぐにメールで (お送りします / お送りになります)。

④ 面接官： 当社の前年度の売上額を知っていますか。
　 学生： 申し訳ございませんが、(存じ上げません / ご存じありません)…。

⑤ 私の趣味は映画を (拝見する / 見る) ことです。

⑥ それでは明日、私の方からお電話 (していただきます / させていただきます)。

⑦ 少々お電話が遠いのですが、もう少し大きい声で (お話し / お話しさせて) いただいても、よろしいでしょうか。

⑧ (恐れ入りますが / せっかくですが) もう一度お確かめいただけますか。

⑨ (貴社 / 御社) が第一希望でございます。

⑩ (我が国 / 韓国) の貿易について、私の考えを申し上げますと…。

2 間違いや適切でない表現を探して、正しく直してください。

① ちょっと待っていただけますか。

→ _____

② 僕のお父さんのような人になりたいと思っています。

→ _____

③ では、明日の10時にお伺いさせていただきます。

→ _____

④ 御社は伝統もあるし、すばらしい技術力を持っています。だから、是非御社で仕事がし
たいと思っています。

→ _____

⑤ 隣の方がさっきそうおっしゃられましたが、私もそう思います。

→ _____

⑥ 差支えなければ、面接会場の位置を教えていただけますでしょうか。

→ _____

⑦ ここまでは、バスで1時間くらいかかります。

→ _____

⑧ じゃあ、帰ります。

→ _____

第3課 面接のマナー

「第一印象」という言葉があるように、就職面接でもドアを開けてから名乗って席につくまでの数十秒間で印象が決まります。きちんとした態度と身だしなみを整えるのは社会人としての最低限のマナーですのでしっかりと身につけておきましょう。

考えてみましょう

① 就職活動の際、韓国ではどんな服装をしますか。色や形などはどうですか。また、日本との違いはあると思いますか。

② あなたはアルバイトやインターンシップなどの面接を受けたことがありますか。あるなら、服装や髪形など、どんな点に気をつけましたか。

1 服装

身だしなみは印象に大きな影響を与えます。第一印象で失敗しないように以下の点に気をつけましょう。

単語 身だしなみ 단정한 몸가짐, 차림새

	男性	女性
髪型	・表情がよく見える短髪が好まれる ・茶色く染めない	・表情がよく見えるようにする ・前髪が長い場合はヘアピンで留め、後ろ髪が長い場合は一つにまとめる ・茶色く染めない
ワイシャツ	・色は白か淡いブルー	—
ブラウス	—	・色は白か淡い色
ネクタイ	・派手でない色 ・デザインのシンプルなもの(無地、ストライプ、水玉) ※ ラメ入りは避ける	—
スーツ	・色は紺、グレー、(黒) ・上下の色は合わせる	・色は紺、グレー、(黒) ・上下合わせる ・スカートは立ったときにひざの半分がかくれるぐらいの長さ(短すぎても長すぎてもよくない)
かばん	・色は黒 ・A4の書類が十分に入るサイズで、置いたときに倒れないタイプのもの(リュックタイプのものは避ける)	・色は黒 ・A4の書類が十分に入るサイズで、肩掛けタイプが主流
靴下	・色は黒、グレー、紺 ※ 白は避ける ・デザインのシンプルなもの	—
ストッキング		・肌色で無地
靴	・色は黒 ・デザインのシンプルなもの	・黒いパンプス ・ヒールは細くないもので3cm程度
アクセサリー	・腕時計以外のアクセサリーは控えたほうがいい	・腕時計以外のアクセサリーは控えたほうがいい

単語 (髪を)留める 머리를 고정시키다 | (髪を)まとめる 머리를 묶어 가지런히 하다 | 肩掛け 어깨에 멤 | 控える 피하다

2 身だしなみ

何よりも清潔感が一番大切です。家を出る前と、面接を受ける直前に以下の点をチェックしましょう。

部位	チェック項目
顔	☐ ヘアースタイルに問題はないか
	☐ ひげのそり残しはないか
	☐ 歯に口紅や食べかすはついていないか
	☐ 鼻毛が伸びてないか
服装	☐ ネクタイの結び目はきちんとしているか / 曲がっていないか
	☐ シャツが出ていないか
	☐ スーツのしみ、しわ、汚れはないか
	☐ 糸が出ていないか
	☐ ボタンがとれていないか
	☐ ズボンに折り目はついているか
	☐ ポケットに物を入れてふくらんでいないか
	☐ 靴はよく磨いてあるか
	☐ ヒールの高さは適当か
	☐ ストッキングの伝線はないか
その他	☐ つめは伸びすぎていないか(派手なネイルアートをしていないか)
	☐ 香水やコロン / ローションなどのにおいはきつくないか
	☐ めがねの場合、レンズが汚れていないか
	☐ ふけはないか
	☐ 口臭はないか

単語 **清潔感** 청결감 ┃ **ひげのそり残し** 면도를 깨끗이 하지 않아 남은 수염 ┃ **食べかす** 잇새에 낀 음식 찌꺼기 ┃ **結び目** 매듭
折り目 접은 선 ┃ **ふくらむ** 부풀다, 불룩해지다 ┃ **ストッキングの伝線** 스타킹의 올 풀림 ┃ **(香水の)においがきつい** (향수)
냄새가 독하다

次の絵を見て、面接にふさわしくない部分を探してみましょう。

①

②

■ 男性

■ 女性

3 持ち物

持ち物リスト
☐ 卒業(見込み)証明書、成績証明書など当日提出するよう指示された書類 そつぎょう みこ
☐ 履歴書、エントリーシートのコピー → 面接直前の控え室などで自分の書いたことを確認 ひか しつ
☐ 企業のパンフレットやホームページをプリントアウトしたもの → 面接直前の控え室などでもう一度目を通しましょう。
☐ 筆記用具(ボールペン、メモ帳) ひっき
☐ 腕時計 → 正式な場で時間を確認する場合は、携帯ではなく時計を使います。 　ビジネスの場に合ったデザインのものを選びましょう。
☐ お金(現金)
☐ 印鑑
☐ 鏡、ブラシ → 面接前にもう一度身だしなみをチェック
☐ その他(ティッシュ、ハンカチ、ストッキングの替え)

> **注意!**
>
> ❶ 面接会場では携帯電話をいじらない。携帯をいじっている姿はあまり印象がよくありません。
> ・時間を見る際は腕時計で。また、会社のホームページや準備したメモなども、携帯ではなく、
>   プリントアウトしたもので見るようにしましょう。
> ❷ 書類関係は早めに準備
> ・証明書などの書類は日 / 韓 / 英どの言語で提出しなければいけないのか確認しておきましょう。
> ・証明書の発行は時間がかかる場合もあるので、早めに、そして少し多めに準備しておきましょう。

単語 卒業見込み 졸업 예정 | 控え室 대기실 | いじる 만지작거리다
そつぎょうみ こ　　　　　　　 ひか しつ

4 面接中のしぐさのマナー

やってみましょう

面接中のマナーとして、以下の点についてどのようなことに気をつけたほうがいいですか。
パートナーと話し合ってみましょう。

① 目線

② 表情

③ 声

好感を与える態度・しぐさ

① 視線：下を向かないようにし、話すときは面接官の顔を見るようにしましょう。

NG キョロキョロ見回したり、相手をじっと見すぎるのは失礼です。

緊張していても、時々は面接官と視線を合わせるの
は大切なことです。難しい場合は、面接官のネクタ
イの辺りを見るといいですよ。

単語 キョロキョロ 두리번두리번 ｜ じっと見る 응시하다
       み

② **表情**：明るく親しみやすい印象を与えるため、軽く笑顔をつくるようにしましょう。

NG 緊張していると、固くなって怒っているような顔になる人がいます。

また、ニコニコとニヤニヤではずいぶん印象が違います。

鏡を見ながら練習しておきましょう。

③ **声の大きさ**：はっきりと聞き取りやすい声で話しましょう。

NG 小さい声は問題外ですが、だからといって大きければよいと

いうものでもありません。

④　座っているとき：男性は手を軽く握ってひざの上に置きます。女性は手を重ねて前に置きます。後ろにもたれずに意識して背筋を伸ばしましょう。

NG 無意識のうちに足を組んだり、貧乏ゆすりをしたりしないように気をつけましょう。
びんぼう

⑤　お茶をだされたら：「どうぞ」と勧められてから飲むようにしましょう。

<単語> 貧乏ゆすり 다리를 떠는 것
びんぼう

お辞儀の種類は大きく3種類あります。

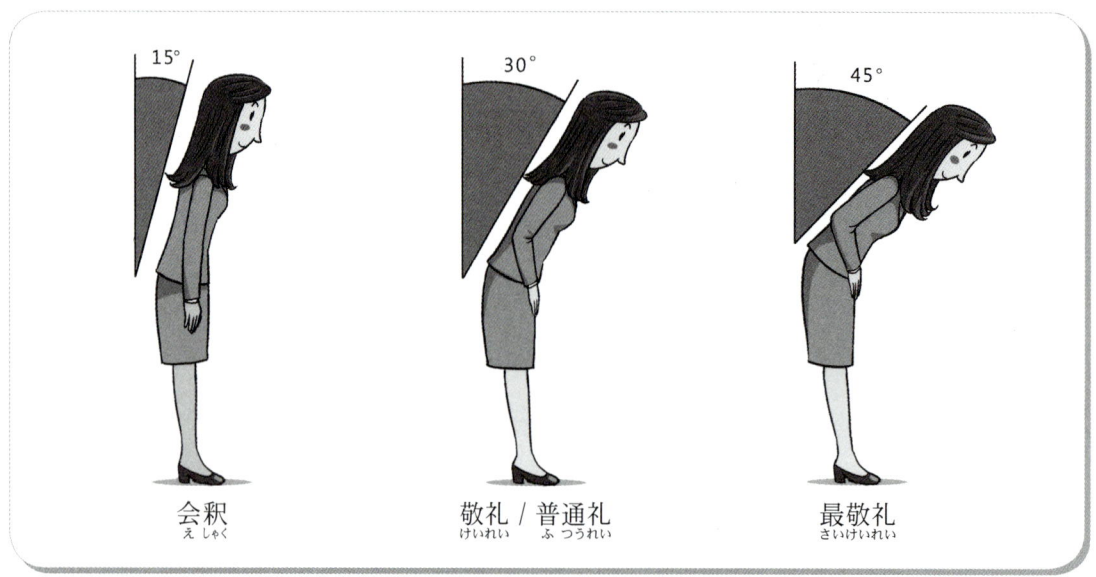

① 会釈：上半身を約15度前にしてお辞儀をする。

　・会社で人とすれ違ってあいさつする際

　・イスに座る前

② 敬礼 / 普通礼：上半身を約30度前にしてお辞儀をする。

　・日常的に最もよく行われる

　・面接室への入退室の際

　・出社や退社の際

③ 最敬礼：上半身を約45度前にしてお辞儀をする。

　・恩人にお礼するとき

　・問題を起こしたときのお詫びなど特別な場合

単語　すれ違う ス치듯 지나가다, 엇갈리다　┃　お詫び 사과

① 面接官の方を向く

② 上半身を前に倒す

③ すぐに頭をあげない

④ 静かにゆっくりと起き上がる

※ 手は前で軽く重ねます。

NG 頭だけではなく上半身全体を動かしましょう。歩きながらお辞儀をしたり、お辞儀をしながらあいさつするのではなく、一つ一つの動作を別々に行いましょう。

やってみましょう

① 「会釈」「敬礼」「最敬礼」は、それぞれどんな場面でするでしょうか。次のA〜Fを当てはめましょう。

会釈	敬礼	最敬礼

A. イスに座る前　　　　　B. 問題を起こしたときのお詫び　　　　C. 恩人にお礼するとき

D. 会社で人とすれ違ったとき　　E. 面接室への入退室の際　　　　F. 出社・退社のとき

② ペアになり、先生の掛け声とともに、「会釈」「敬礼」「最敬礼」を実際にやってみましょう。ペアの人は相手がきちんとできているか、姿勢や角度などチェックしてあげましょう。

5 面接の流れ

当日までに、面接の流れをある程度頭に入れておきましょう。

受付

面接は会社の受付ロビーに入った瞬間から始まっていることを忘れてはいけません。

受付の人にもしっかりあいさつをし、ていねいに話すようにしましょう。

① あいさつをし、大学名、名前、
　面接時間などを伝える。

② 案内された場所で待つ
　案内してくれた人にあいさつする。

入室まで

① 名前を呼ばれたら
　「はい」と返事をして
　立ち上がる。

② 案内されたドアの前まで行く
　背筋を伸ばし、手は自然に
　ふる。

③ ドアの前でノックをする
　室内に聞こえるように2回
　ノックする。「どうぞ(お入り
　ください)」という返事を確認
　してから入室する。

はい

① ドアを開けてから

「失礼いたします」とあいさつし、ドアを静かに閉める。

② お辞儀をする(敬礼)

面接官のほうを向き一礼する。

③ イスまで進み、かばんを置く

顔をまっすぐに向けてイスまで歩き、イスの横へ行き、床にかばんを置く。

④ 名乗る

姿勢を正し、中央の面接担当者の目を見て「○○大学、○○学部、○○学科の○○です。本日はどうぞよろしくお願いいたします」と一礼する(敬礼)。

⑤ 着席する

「どうぞおかけください」と言われたら、「はい、失礼いたします」と言って会釈をしてから着席する。

① 終わりの合図

「これで終わりです」と言われたら、座ったまま
「ありがとうございました」と頭を下げる。

② 立ち上がる

イスの左側に立って「よろしくお願いいたします」と
一礼する。（敬礼）

③ ドアに向かう

イスの位置を整え、ドアに向かう。
緊張がぬけた歩き方にならないように気をつける。

④ 退室する

ドアの前でふり返り、「失礼しました」と一礼
（敬礼）してからドアを出て、静かに閉める。

⑤ 受付で連絡などの確認

後日の予定や連絡事項などがないかを
確かめ、あいさつして帰る。

やってみましょう

_____に合う言葉を書きましょう。

① 受付で

あいさつをし、_____
_____を伝える。

② 入室から着席まで

_____と
あいさつをし、静かにドアを閉める。

③ イスの横まで来たら、名乗った後で、

_____
_____とあいさつする。

④ 「どうぞおかけください」と言われたら、

_____と
言って会釈してから着席する。

⑤ 「これで終わりです」と言われたら

座ったまま_____
_____と言う。

⑥ 退室する

ドアの前でふり返り、_____
_____と一礼してから
ドアを出て、静かに閉める。

第4課 面接の事例集

面接の際によくされる質問を項目ごとに挙げますので、チェックしておきましょう。その中でも特によく質問されるものについて、いい回答例とNG例を挙げました。ポイントをよく読み、みなさんも実際に質問に答えてみてください。

1 よくされる質問例

① 自分自身

- 自己紹介をしてください。⇒【質問1】
- 1分間で自己PRをしてください。
- 成功体験について話してください。
- 挫折の経験がありますか。
- あなたの長所と短所は何ですか。
- あなたの強みについて話してください。
- 欠点を克服するためにどんな努力をしていますか。⇒【質問2】
- あなたはどんな人間になりたいですか。⇒【質問3】
- 10年後のあなたを想像して話してください。
- 趣味は何ですか。
- スポーツは何かやっていますか。
- アルバイトは何かしていましたか。⇒【質問4】
- 最も尊敬する人は誰ですか。
- あなたの座右の銘は何ですか。⇒【質問5】
- これまで、最も感動した本は何ですか。

② 大学時代

- 大学生活で得たことを話してください。

- 大学時代で最も記憶に残っていることは何ですか。

- 学生時代でがんばったことを話してください。

- 現在の大学に進んだ理由は何ですか。

- この専攻を選んだ理由は何ですか。

- 卒論の内容について話してください。

- 大学の勉強をどう生かしますか。

- 教育学科 / 教育大学院に進んだのに教師にならないのですか。⇒【質問 6】

③ 志望動機

- なぜ我が社を志望しましたか。

- この業界を選んだ理由は何ですか。

- 当社のような中小企業を選んだのはなぜですか。⇒【質問 7】

- 入社後、どのような仕事をしたいと考えていますか。

④ その他

- 最近興味を持ったニュースは何ですか。

- 働くことの意味とは何でしょうか。⇒【質問 8】

- 〇〇について話してください。

- 我が社の製品 / サービスについて何か知っていますか。

- 我が社が改善すべき点について話してください。

※ 金融関係なら円高、インフレ貿易関連ならＦＴＡ、ＯＤＡなど分野に関連した基本用語は必ずチェックしておくようにしましょう。

⑤ 困らせる質問

- 地方都市に配属になったらどうしますか。

- 上司と意見が違ったらどうしますか。

- 希望職種につけなかったらどうしますか。

- あなたを動物 / 色にたとえると何ですか。

- 成績が悪いですね。どうしてですか。

- 日韓の歴史問題についてどう思いますか。

こういったタイプの質問には特に正解はありません。大切なことは、表情を崩さないことです。熱意とユーモアを交えながら冷静に答えましょう。決して感情的になってはいけません。

回答例

質問1 自己紹介をしてください。

ポイント

- 自己分析を通して気づいた自分にとって一番聞いてほしい話を盛り込んで答えましょう。

- うまくいったことだけではなく、工夫により乗り越えた部分を強調して話しましょう。

例

〇〇大学から参りました△△と申します。大学では日本語を専攻し、アルバイトも極力日本語を使えるものを選ぶなど、一心不乱に日本語の学習に打ち込んできました。日本語に対する情熱と愛情は誰にも負けないと自負しております。大学4年間の中で最も思い出深いのは、文化祭で日本語の演劇をしたことです。ラブストーリーをやるというので喜び勇んで主人公を名乗り出たところ、40歳も若い恋人を持つ70歳の老人役で面食らいました。老人独特の言い回しには泣かされましたが、夏休みも毎日学校に来て8時間以上練習しました。その結果、本番では喝采を浴びました。このように私は、大学時代に日本語力を養い、日本に関する知識とねばり強さを培ってきました。もし御社で編集の仕事をさせていただけることになったら、これらを大いに生かしたいと思います。よろしくお願いします。

NG例

〇〇大学から参りました△△と申します。大学では日本語を専攻しています。趣味は旅行なので、学生時代には国内も海外も色々なところへ行きました。2年生の夏休みに日本で2週間ホームステイをしたことは忘れられない大切な思い出です。その時のホストファミリーとはたくさん話をして仲良くなり、今でも連絡を取り合っています。日本では大阪にも行きました。初めて一人旅をしてとても緊張しましたが、おいしいものや親切な人たちにたくさん出会うことができて良い経験になったと思います。そのおかげで、日本や日本人に対する理解が深まりました。旅行のほかには読書も好きです。特に日本の作家が好きです。どうぞよろしくお願いします。

■ 注意点

- 「旅行」「読書」など題材がありきたりな上、具体的なエピソードがない。
  どちらか一つに絞り、より深く話したほうがよい。

- 感想も幼稚。具体的にどこへ行き、何を感じ、何を得たのかを話さなければならない。

■ 類似質問

- 一分間で自己PRをしてください。

単語 極力 힘껏 | 一心不乱 일심불란(한가지에만 몰두함) | 自負する 자부하다 | 喜び勇む 신이 나다 | 面食らう 당황하다, 허둥대다
喝采を浴びる 갈채를 받다 | 培う 가꾸다, 기르다

質問2 欠点を克服するためにどんな努力をしていますか。

> **ポイント**
> ・欠点については簡単に話すにとどめましょう。
> ・どんな努力をしているか、またはしてきたのかに重点を置いて話すようにしましょう。

例

私の欠点はあがり症であることです。社会人になる前に克服したいと思い、次の2つのことをはじめました。まず1つ目は、去年の秋からはじめたランニングです。あがり症とランニングは一見無関係に見えるかもしれませんが、体力がないと不安が顔にも出ますし気持ちも後ろ向きになると思ったので、パワフルな身体を作ることにしました。漢江沿いの遊歩道を毎朝走っていますが、耳が凍りそうなマイナス15度の日も休まず続けたことは大きな自信になり、以前より人前でも堂々としていられるようになりました。2つ目は、「金色のものを身に付ければ大丈夫」などと自己暗示をかけることです。今日は第一志望の会社の大切な面接ですので、落ち着いて自分を出せるよう、金色の腕時計をしてきました！

NG例

私の欠点はあがり症であることです。とにかく人と話すことが苦手です。それに、面白い話をすることもできませんから、自信が持てず、人の目を見て話そうとすると顔が赤くなってしまいます。人と話すのが苦手という欠点を克服するために、なるべくたくさんの人と話すように努力していまして、例えばアルバイトも毎日お客様と話さなければいけない化粧品店の店員をしていますので、昔よりはずっとよくなったと思います。御社に入って営業部に配属されたら更に多くの人と話すようになりますし、一生懸命に努力するつもりなので大丈夫だと思います。

■ 注意点

> ・欠点についての説明が長く、全体的にネガティブな発言も多すぎる。
> ・一文が長く分かりにくい。短く簡潔な文章で話すように心がける。
> ・「大丈夫だと思います」では不安になる。面接でははっきりと言い切ること。

■ 類似質問

> ・短所 / 弱点は何ですか。
> ・挫折の経験がありますか。

単語 あがり症 낯가림 증상(사람들 앞에서 얼굴이 빨개지고 떨리는 증상) ｜ 一見 한 번 봄, 언뜻 봄 ｜ 身に付ける 익히다, 몸에 걸치다
自己暗示をかける 자기암시를 걸다

質問3 あなたはどんな人間になりたいですか。

> **ポイント**
> ・社会人として上手く会社に適応できる人間であることをアピールしましょう。
> ・その会社 / 職種に求められている人物像から大きく外れないようにするのも大切です。

例

日本では一時期「KY(空気が読めない)」という言葉が流行りましたが、私は「空気が読める人間」になりたいです。社会人にとって大切な能力や態度はいろいろあると思いますが、私は「周囲の人と協調して上手くやっていくこと」が社会人にとっては何よりも重要なことだと考えています。周囲の人と良い関係を築いて仕事をしやすくしておかなければ、いくら個人が高い能力を持っていたとしても、集団の中でそれを上手く発揮することは難しいと思うからです。社会人としてはもちろん、家庭人としても「空気が読める人間」になって、いつか結婚して子供ができたら、娘に嫌がられないような父親になるのが目標です！

NG例

私は父のような人間になりたいと思っています。私の父は昔から本当に真面目な人で、仕事でいろいろトラブルがあって大変な時でも家族のために文句を言わず、毎日朝から晩まで働くような人でした。以前は父を見ると真面目すぎて面白くないと感じていましたが、自分が大学4年生になって就職活動をするようになってからは、父の姿勢に深く共感するようになり、今ではとても尊敬しています。私は父のようなあらゆる困難にも耐えられる立派な社会人・家庭人になりたいと思っています。

■ 注意点

- 「いろいろ」「あらゆる」など抽象的な言葉を使わず、具体的に話す。
- 良い話だが、個性が全く感じられないありきたりなエピソード。家族を尊敬する人として挙げてもいいが、もっとインパクトのある、他人とは違うエピソードを書く。父親の性格や人物像が分かるよう、具体的な出来事を1つ盛り込むとよい。

■ 類似質問

- 対人関係はうまくやっていけますか。
- どんな社員になりたいですか。

単語 関係を築く 関係を鹽아가다, 関係を맺다 ｜ ありきたり 흔히 있음

ポイント

- 長く続けたアルバイトがあるとアピールできます。
- 短い期間のアルバイトであっても、複数に共通する内容を見つけることでアピールも可能です。（接客業、日本語を使う仕事など）
- 仕事の内容の説明ではなく、アルバイトの経験から得たことを話しましょう。

例

はい、私は大学3年間ずっと塾で中学生に英語を教えるアルバイトをしてきました。最初は授業準備があまりに大変で辞めたいと思ったこともありました。しかし、時間が経つにつれ楽しさとやりがいを感じるようになりました。塾の講師というのは、学校の教師とは別のものが求められます。集中させる場面と面白い話を上手くミックスしてバランスをとらなければ、既に学校の授業で疲れている生徒達に集中して聞いてもらうことはできません。そこで私は英単語を覚えさせるために歌を歌うことにしたのですが、生徒達からは「カラオケ先生」というニックネームをつけられました。レパートリーは既に50曲を超えています。責任のある仕事で大変なことも多いですが、その分、人との接し方や分かりやすい説明の仕方などを学ぶことができる職場だと思っています。

NG例

はい、私は大学生活の間、多様なバイトを経験しました。初めての仕事はコンビニでした。コンビニではレジの他、仕入れも担当しました。2年生になってからは、デパートの販売員を経験しました。デパートには日本人のお客様もたくさんいました。今は塾で中学生に英語を教えています。私は高校生の時に1年間アメリカに留学していましたので、その経験を生かすことができるよい仕事だと思います。私は人と接するのが好きですので、全て人と話すことの多い仕事を選んできましたが、これは社会人になってからも役立つと思います。

■ 注意点

- 「バイト」は学生用語なので、「アルバイト」と言う。
- 経験したアルバイトを羅列しているだけで、その経験から得たことについては話していない。

■ 類似質問

- アルバイトやボランティア活動で、どんなことを学びましたか。
- アルバイトの経験をどのように仕事に生かせますか。

単語　レジ 계산대　｜　仕入れ 매입, 구입

質問5 あなたの座右の銘は何ですか。

> **ポイント**
> ・「座右の銘」とは、ことわざや名言など自分の人生のテーマや目標とする生き方などを表す表現です。
> ・言葉は、韓国語の 諺 や表現を直訳せず、日本語にある表現から選びましょう。
> ・言葉の意味を話すのではなく、どうしてそれが座右の銘なのか、自分の経験と重ねて説明しましょう。

例

私の座右の銘は「後悔先に立たず」です。私は現在、日語日文学科に在籍していますが、実は高校生の時は英文科を目指していました。「今は英語の時代だから英文科にしなさい」という両親の言葉に従ったためです。しかし受験勉強に身が入らず、結局、英文科に合格できずに浪人することになりました。本当に入りたかった日文科を最初から受験していれば、浪人することもなかったかもしれないと後悔しました。そこで親に自分の思いを話して理解してもらい、日文科を目指すことにしました。その結果、好きな勉強をして生き生きと毎日を過ごす今の自分がいます。それ以来「後悔先に立たず」を肝に銘じ、思ったことは恐れず、筋を通しながらチャレンジするよう心がけています。

NG例

私の座右の銘は、「後悔先に立たず」です。これは「してしまったことは、後になって悔やんでも取り返しがつかない」という意味の言葉です。友達はいつも過ぎたことに対して、後悔ばかりしています。例えば、交換留学に申し込みたいけれど、まだ自分にはその実力がないと悩んでいたところ、自分よりも実力のない学生が選ばれてしまった事があったそうです。友達は「心配しないで申し込んでおけば良かった」と、勇気の出なかった自分を深く後悔していました。その姿を見て私は、やりたいと思ったことは何にでも積極的に参加するようになりました。

■ **注意点**

・ 言葉の意味は説明しなくてもよい。
・ 他人の経験が話の中心になっている。

■ **類似質問**

・ あなたのモットーは何ですか。
・ 好きな言葉は何ですか。

単語　在籍 재적 ｜ 身が入らない 정성을 쏟지 않는다 ｜ 肝に銘じる 명심하다 ｜ 筋を通す 이치에 닿게 하다, 절차대로 하다

質問6 教育学科 / 教育大学院に進んだのに教師にならないのですか。

ポイント

- 教育学科であることがその会社でどう生かせるかを話すことが重要です。
- 教員にならない理由を中心に話すとネガティブな印象を与えます。
- 本当は教員になりたいのに、仕方なくこの会社の面接に来たと思われないよう、仕事への熱意をしっかり伝えましょう。

例

教育学科で勉強するうちに、正しく教えるために重要な「教科書」への関心を強く持つようになったからです。そのきっかけとなったのは教育実習です。教育実習で使った教科書や教材を見て、「もう少しこの部分を詳しく説明してある教科書があったらいいのに」と思い、自作のプリントなどを作っているうちに、教科書開発への興味が高まっていきました。日本語の教材を多く出版している御社に入社したら、大学で学んだ日本語の知識や、教育実習などで学んだ実践的な知識を生かし、学習者に分かりやすく的確に伝えることができる教科書を開発したいです。

NG例

私は高校で日本語を教えたいと思い、それに向けて一生懸命に勉強してきましたが、教育実習に行ったら自分が思い描いていた理想とはずいぶんと違うということに気がつきました。中学や高校の教師は教えること以外の生活指導などに多くの時間をとられますし、中学や高校で教える日本語は本当に基礎的なことだけで、自分が学んだことを発揮できる場は少ないと感じました。また、教員採用試験で採用される日本語科の教員はほんの少しで、現実的に教師になるのは難しいと思います。このような理由から、日本語を生かせる新しい道を考えてみたところ、出版社で働くのが一番だと思うようになりました。

■ 注意点

- 忍耐力がなく、あまりやる気のないタイプの人だという印象を与える。
- この仕事に対する熱意が全く感じられない。

■ 類似質問

- 日本語教師はあきらめたのですか。

単語　思い描く 상상하다, 마음에 그리다

質問7 当社のような中小企業を選んだのはなぜですか。

> **ポイント**
> ・この会社ならではのよい点・魅力、そこで何がしたいのかを話し、滑り止めでない点を強調します。
> ・その企業の沿革や理念についてよく研究したことを自分の夢と関連づけて話しましょう。
> えんかく

例

私の本当にしたい仕事は御社でしかできないと確信しているからです。御社では私が大学で学んできた自動車関連の貿易業務を幅広く行っていらっしゃいます。中でも東アジア地域に力を入れているとのことで、その点にも強く興味を持ちました。私は学生時代、中国、ベトナムなどの国に旅行した経験から、今後のアジアの可能性に注目して来ました。専攻の日本語はもちろん、中国語の勉強もはじめて自分なりの準備を進めてきたつもりです。御社でなら自分が今まで学んできた貿易・経済に関する知識や語学力を大いに生かせると思い、今回応募させていただきました。

NG例

最初は大手の企業の方がよいと思っていたのですが、色々な企業を調べていくうちに、この会社は大きな企業にはない自由な雰囲気があって素晴らしいと感じました。大企業では十年以上働かないと任せてもらえない大きな仕事も、中小企業なら若手でも最初から任せてもらえるので、大学で学んだ知識や語学力も大いに役立てられると思います。私は大学で国際貿易について学び、卒業論文もアジアの貿易について書いているところですし、英語、日本語、中国語を勉強してきたので海外関係の仕事をする自信はあります。こういった私の能力を、御社でなら存分に発揮できると思っています。

■ 注意点

・「自由な雰囲気」これは多くの受験生が使う言葉。食傷。「中小企業＝自由」というわけではない。
・その会社ならではの魅力についてはほとんど話さず、仕事の話や自分の能力の話ばかりしている。

■ 類似質問

・どうして他社ではなく当社なのですか。
・当社の魅力は何でしょう。
・最初から当社を知っていましたか。

単語 沿革 연혁
えんかく

質問8 働くことの意味とは何でしょうか。

> **ポイント**
> ・マニュアル通りの当たり前のことを話したり、抽象的な答えにならないように注意しましょう。
> ・そう考える理由となった自分のエピソードを入れて話しましょう。

例

働くことは、社会貢献だと思っています。そう思うようになったきっかけは、2011年の東日本大震災(ほんだいしんさい)です。その際、韓国で放送された岩手(いわて)のコンビニエンスストアの映像に強く胸(むね)を打(う)たれました。物流(ぶつりゅう)がストップして物が届かない、電気もつかず店内は真っ暗、もちろんレジも動かない状態だというのに、店員さん達は懐中電灯(かいちゅうでんとう)を片手にぐちゃぐちゃに壊れた店の中から食品を運び出し、紙に1つ1つ計算して商品を売っていたのです。食べ物が買えて喜んでいる人達の様子を見た時、「普段見過(みす)ごされがちな小さな仕事でも、ひとつとして欠けていい仕事はないのだ」と実感しました。以来、働くこと自体が世の中に大きな貢献をしているという意識を持つようになりました。

NG例

働くことの意味とは何かと言うと、人間にとって必ずしなければいけないものだということです。今まで学生として学んできたことを生かし、人として成長するためにも、社会に出て働くことは大切だと思います。「働かざるもの食うべからず」という言葉が日本語にはありますが、働かずに楽だけして生活しようというのは大人として許されることではありません。やりがいのある仕事を見つけて一生懸命に働く事が、親孝行にもなると思います。

■ 注意点

- 抽象的で同じ内容の話を繰り返しているだけで何が言いたいのかわからない。
- 質問を繰り返したり、一般的な話などの前置きはせず、本題から入るように。

■ 類似質問

- 職業観について話してください。
- あなたにとって就職とは何ですか。

単語 震災(しんさい) 진재(지진에 의한 피해) | 胸を打つ(むね う) 감동을 주다 | 物流(ぶつりゅう) 물류 | 懐中電灯(かいちゅうでんとう) 회중 전등 | ぐちゃぐちゃ 엉망진창(인 모양)
見過ごす(みす) 간과하다

第5課 面接の練習

面接では誰もが緊張してしまうものです。当日、落ち着いて面接に集中できるよう、本番に近い形で練習しておきましょう。

1 ウォーミングアップ

① まずはペアまたはグループに分かれて、1章の自己分析でまとめた内容について話す練習をしてみましょう。

> 例 面接官：自己紹介をしてください。
>
> 学生：はい。多楽園大学から参りました金基準と申します。
>
> 私は国際問題に関心を持ち、大学では…

> 例 面接官：あなたの長所は何ですか。
>
> 学生：私の長所は…

② 実際の面接では全く予想していなかったことについて聞かれることもあります。第1章の自己分析でまとめた内容以外にも、174ページの「よくある質問例」、またはそれ以外の質問をしながら答える練習をしてみましょう。

> 例 面接官：他にはどういう会社を受けましたか。
>
> 面接官：当社のホームページを見てどう思いましたか。
>
> 面接官：あなたにとって友人とは何ですか。

② グループ面接

① クラスサイズに合わせて1グループ3人～6人程度のグループをいくつか作ります。学生役のグループ、面接官役のグループに分かれ、集団での面接をしてみましょう。

※ グループはできるかぎり、同じ業界を希望している人同士で作る。

> 1つ目のグループ： 面接を受ける学生役
> 2つ目のグループ： 面接官役
> 残りのグループ　： 評価役

② ドアをノックして入室するところから面接を始めます。

③ 面接終了後、どんなところがうまくできたか、反省するところはないか、ふり返りシートに記入しましょう。

※ 面接を受ける学生は「ふり返りシート」を、それ以外の学生は「評価シート」を記入する。

個人面接

先生、あるいはクラスメイトと１対１で練習し、これまでで一番つっこんだ質問にも挑戦してみましょう。面接終了後、どんなところがうまくできたか、反省するところはないか、ふり返りシートに記入しましょう。

面接内容を録音して後で聞いてみたり、ビデオで録画したものを見てみると、意外な自分の姿にびっくりするかもしれません。本番に向けての重要な反省材料になりますので、ぜひ試してみてください。

注意！

＜面接のポイント＞

❶ ただなんとなく頭で考えただけでは、実際の面接では上手に話せません。最初は紙に書き出し、それを何度も声に出して話してみる練習からはじめましょう。

❷ 一語一句全てを暗記し、覚えたことだけを話しても、あなたの熱意を面接官に伝えることはできません。また、予想外の質問をされた場合にあわててしまいます。「自分の言葉」で丁寧に伝えようとする姿勢が大切です。

❸ 緊張して敬語を間違えるのではないかと心配する人がいますが、基本的に「ですます」調で話せていれば心配する必要はありません。慣れない難しい言葉を使おうとするよりも、「何を伝えたいか」を一番に考えて話しましょう。

評価シート(面接官役・評価役用)

5：非常によい　4：よい　3：ふつう　2：少し問題あり　1：問題あり

名前(学生)		
名前(評価者)		
マナー	入室から退室までの一連の動作	5・4・3・2・1
	姿勢や表情	5・4・3・2・1
	声の大きさ	5・4・3・2・1
日本語	文法・語彙・表現	5・4・3・2・1
	発音	5・4・3・2・1
	流暢さ	5・4・3・2・1
質問内容	① 自己紹介 / 自己PR	5・4・3・2・1
	② 志望動機	5・4・3・2・1
	③ (　　　　　　　　　　　)	5・4・3・2・1
	④ (　　　　　　　　　　　)	5・4・3・2・1
	⑤ (　　　　　　　　　　　)	5・4・3・2・1
よかった点		
改善点		

※ 評価する人数分コピーして使用

ふり返りシート(学生役用)

5：非常によい　4：よい　3：ふつう　2：少し問題あり　1：問題あり

面接マナーは守れたか	5・4・3・2・1
姿勢や表情、声の大きさは適当だったか	5・4・3・2・1
正しい日本語で流暢に話せたか	5・4・3・2・1
自己PRがしっかりできていたか	5・4・3・2・1
面接官の質問に答えられたか	5・4・3・2・1

うまくできた点

反省点

コラム

　日本の大手企業に就職した学生Aさんから聞いた話ですが、最終面接で2人のうち1人を採用するとなった時、その会社では、能力が上だった学生Bさんを採用せずに、少し下だったAさんを採用することにしたのだそうです。その理由は、Bさんがあまりに自分の能力に自信を持って堂々としすぎていたのに対して、Aさんは謙虚な態度が素晴らしかったからとのことでした。

　韓国のみなさんにとっては信じられないことかもしれませんが、日本の企業では似たような話をしばしば耳にします。当然、能力が高い方がいいに決まっていますし、自分に自信を持つことは大事です。(言うまでもなく、謙虚な態度と自信のない態度は全く別のものです。)しかし、「私はできます！」「高い能力を持っています！」と自信満々な態度を全面に押し出しすぎると、「傲慢な人間だ」という印象を与え、協調性が疑われてしまいます。日本も最近は変わりつつあるものの、基本的には個人プレイよりも集団プレイを好む傾向があります。いくら高い能力があっても、会社という組織で集団プレイをうまくやっていける謙虚さがないと、日本では少し敬遠されてしまいますので注意しましょう。

終 自己評価 Can-do リスト

よくできる：4　できる：3　あまりできない：2　できない：1

1	就職面接に適切な礼儀正しい言葉遣いで、述べたいことを自信を持って言うことができる。	☐
2	面接に必要な幅広い語彙やフレーズを習得している。定型表現や口語表現を上手く使うことができる。	☐
3	日本の面接におけるマナーを理解し、適切に行動できる。	☐
4		☐

※ 4つ目はクラスで目標を決めましょう。

解答

第1章　自己分析

第1課 成功体験

やってみましょう -------------------------------- 25

① 貢献

② コツ

③ こなせる

④ 認められる

⑤ モチベーション

文型 -- 26

1 Step 1

① 長時間にわたる会議の末(に)、ようやく結論が出た。

② 家族ともよく話し合った末(に)、大学院に進学しないことにした。

③ ３年に及ぶ遠距離恋愛の末、来年の春に結婚することになりました。

Step 2

人前で発表することは最初難しく思えたが、練習の末、うまくできるようになった。

2 Step 1

① 就職したら就職したなりの悩みも出てくるだろう。

② お金がないならないなりに安くできる方法を探せばいい。

③ 結果は出せなかったが、彼らは学生なりによくがんばったと思う。

Step 2

日本語が上達するよう、今後も自分なりの努力を続けていくつもりです。

3 Step 1

① あの会社は倍率がとても高い。落ちてもともと、履歴書だけでも出してみよう。

② 片思いの相手に、ふられてもともとだと思い、勇気を出して告白してみることにした。

③ いくら電話してもつながらない。会えなくてもともと、とりあえず、直接行ってみよう。

Step 2

だめでもともとだと思い、日本の本社に履歴書を出してみようと思う。

第2課 困難にあった経験

やってみましょう -------------------------------- 33

① 生かし

② 中途半端

③ 挫折

④ 浪人

⑤ 無駄な

文型 -- 34

1 Step 1

① たとえつらくても、ここであきらめるわけにはいかない。

② 地球の環境問題について無関心でいるわけにはいかない

③ いくら忙しくても中途半端のままにしておくわけにはいかない。

Step 2

今年中に日本語能力試験Ｎ１に合格すると決めた以上、勉強しないわけにはいかない。

2 Step 1

① 相手チームについて徹底的に分析したかいもなく、試合に負けてしまった。

② 徹夜して取り組んだかいもなく、締め切りに間に合わなかった。

③ みんなの協力のかいもなく、プロジェクトは失敗に終わった。

Step 2

努力のかいもなく試験に落ちたことがある。

3

3 Step 1

① 皆さんからの意見をふまえ、やり方を修正し
ていこうと思っています。

② 現場からの報告をふまえ、今後の対策を話し
合った。

③ 前回の大会の反省点をふまえて、次回の大会
から改善していくつもりです。

Step 2

日本語を使うアルバイトをした経験をふまえ、
日本での就職活動に臨みたいと思います。

第3課 大学生活でがんばったこと

やってみましょう --------------------------------- 41

① 取り組んだ

② やりがい

③ 皆勤賞

④ 務めた

⑤ 充実

文型 --------------------------------- 42

1 Step 1

① 友達が手伝ってくれたおかげで、レポートの
締め切りに間に合った。

② みんなの協力のおかげで、イベントは大成功
に終わった。

③ 今年の問題は例年に比べて簡単だったおかげ
で、試験に合格できた。

Step 2

日本人の友達がいたおかげで、日本語を楽しみ
ながら学ぶことができた。

2 Step 1

① 木村さんはいつも時間がないと言いながら
も、けっこう遊んでいるようだ。

② これは大変ながらも、社会に貢献できるやり
がいのある仕事だ。

③ 彼はまだ学生でありながらも、すばらしい技
術を持っている。

Step 2

国際ボランティアに行ったことは大変ながら
も、とてもよい経験になりました。

3 Step 1

① この博物館は単なる展示にとどまらず、様々
な体験もできるようになっている。

② 学生時代には専攻の分野だけにとどまらず、
幅広いジャンルの本をたくさん読みました。

③ 将来は日本だけにとどまらず、世界を舞台に
活躍したい。

Step 2

国際人とは英語が話せるだけにとどまらず、他
国への理解もある人のことだ。

第4課 好きなモノ・コト

やってみましょう --------------------------------- 49

① 目がない

② ひかれ

③ 憧れ

④ 収集

⑤ めぐり

文型 --------------------------------- 50

1 Step 1

① 彼の実力は平凡だが、情熱にかけてはすごい
ものがある。

② 記憶力にかけては田中さんにはとてもかなわ
ない。

③ 日本のアイドルの知識にかけては山田君がク
ラスで一番だ。

Step 2

人の名前と顔を覚えることにかけては誰にも負
けない自信があります。

2 Step 1

① このホテルはサービスといい部屋からの眺め
といい最高だ。

解答 193

② この歌は<u>メロディー</u>といい<u>歌詞</u>といい魅力的なので、世界中で歌われている。

③ <u>語学力</u>といい<u>人柄</u>といい彼ほどわが社にぴったりの人材はいない。

Step 2

<u>この会社</u>は、<u>給料</u>といい<u>待遇</u>といいとてもすばらしい。

3 **Step 1**

① 今年は<u>去年にもまして</u>暑くなるらしい。

② 今回の<u>旅行</u>は<u>前回にもまして</u>感動的だった。

③ 大好物の梅干おにぎりが<u>いつにもまして</u>おいしく感じる。

Step 2

何にもまして、<u>一人でいる時間</u>は私にとって重要です。

第5課 性格（長所・短所）

やってみましょう ------------------------------- 57

① ─ d

② ─ c

③ ─ a

④ ─ e

⑤ ─ b

文型 -------------------------------- 58

1 **Step 1**

① この映画を見た人は誰でも涙を流<u>さずにはいられない</u>。

② どんなに忙しいときでも部屋が汚れていると掃除を<u>せずにはいられない</u>。

③ このニュースを聞いて驚<u>かずにはいられな</u>かった。

Step 2

私はストレスがたまると<u>甘いものを食べ</u>ずにはいられないタイプです。

2 **Step 1**

① 中国語を習った<u>とはいえ</u>、日常会話程度です。

② 国際化が進んだ<u>とはいえ</u>、まだ外国人に対する偏見や差別は残っている。

③ 性格とはもって生まれたものだ(である)<u>とはいえ</u>、その後の環境である程度変わるものだ。

Step 2

私の短所は<u>あきっぽい</u>ところです。とはいえ、友達に言わせるとそうでもないようです。

3 **Step 1**

① 今年の<u>試験問題</u>は去年<u>にひきかえ</u>、ずいぶんやさしかった。

② あの夫婦は社交的な<u>奥さんにひきかえ</u>、旦那さんはとても無口だ。

③ <u>去年の卒業生の就職率はさっぱりだったのにひきかえ</u>、今年はかなりいい結果だった。

Step 2

金さんにひきかえ、私は<u>日本語がまだまだ下手</u>です。

第6課 キャリアプラン

やってみましょう ------------------------------- 65

① 悠々自適

② 終身雇用

③ 一目置いて

④ 謳歌した

⑤ キャリア志向

文型 -------------------------------- 66

1 **Step 1**

① 日本は年功序列が厳しい<u>だけあって</u>30代で部長になれる人はほとんどいません。

② 彼女はキャリア志向が高い<u>だけあって</u>出産後も専業主婦にはならないようです。

③ 北欧では福祉が充実している<u>だけあって</u>老後も心配なく過ごせます。

Step 2

<u>金</u>さんは<u>コンテストに入賞した</u>だけあって、すごい。

2 **Step 1**

① どうせやらなければならないなら早くやるにこしたことはないでしょう。

② 勤めるなら、終身雇用で採用されるにこしたことはないと思っています。

③ 若くて健康なうちはバリバリ働くにこしたことはありません。

Step 2

どうせ働くなら、給料が高い会社にこしたことはないと思います。

3 **Step 1**

① 日本の大企業ともなればボーナスも相当もらえるだろうと期待するのも当然だ。

② 夫婦共働きともなれば相当貯金もあるんじゃないですか。

③ 全国大会に出場したともなればクラスでも一目置かれているでしょうね。

Step 2

大学生ともなれば、自分のことは自分でできて当然だと思います。

第7課 企業研究

やってみましょう ------------------------------ 75

① こだわって
② 最先端
③ 理念
④ 知名度
⑤ 差別化

文型 ------------------------------ 76

1 **Step 1**

① この会社の知名度は高くないものの、なかなかいい商品を出しています。

② 最新式のパソコンを買ったものの、使い方がよくわからなくて困っています。

③ 給料は高いものの、福利厚生が整っていない会社もあるから、慎重に検討したほうがいい。

Step 2

短所は直したほうがいいと分かってはいるものの、実践するのは難しい。

2 **Step 1**

① 面接では学歴もさることながら人柄も見られる。

② 大学生活では学校の成績もさることながらいろいろな活動にも力を入れてきた。

③ 自動車もさることながらロボット技術においてもこの企業に勝るところはない。

Step 2

日本語は漢字もさることながら慣用句を覚えることがもっと難しい。

3 **Step 1**

① この店は老舗ならではの伝統と重みが感じられる。

② 大企業には大企業ならではの大変さがあるはずです。

③ どんな人にでもその人ならではのよさがあるはずです。

Step 2

海外旅行ならではの魅力は、新しい文化に触れられることです。

第8課 志望動機

やってみましょう ------------------------------ 83

① ニーズ
② 心得て
③ 賃金
④ 練り上げ
⑤ 説得力

文型 ------------------------------ 84

1 **Step 1**

① 大会を行うにあたって大勢のボランティアの方々にご協力いただきました。

② 新年を迎えるにあたり社長からあいさつがあります。

③ セミナーの受講にあたり準備していただくものはこちらです。

Step 2

社会人になるにあたり、敬語が話せるように勉強しておいたほうがいい。

2 **Step 1**

① 自分の身をもって、痛感した。

② 明日をもって、当ホテルは閉館いたします。

③ 11月11日の12時をもって、エントリーの受付を終了しました。

Step 2

情熱をもってすれば、入りたい会社に入れるはずだ。

3 **Step 1**

① つらい経験をものともせず、たくましく生きた。

② 就職難の時代をものともせず、一流企業から内定をもらった。

③ 人々の冷たい目をものともせず、 自分の望む道に進むことにした。

Step 2

私の自慢は経済的困難をものともしなかったことです。

第2章 応募書類対策

第1課 応募書類の基礎知識

やってみましょう ------------------- 97

1位　マニュアルどおりで、オリジナリティの全くないもの

3位　他の会社に送った書類を使い回したとすぐ分かるもの

8位　自慢話しか書いていないもの

第2課 書類の日本語

やってみましょう ------------------- 98

① 自分が仕事に誇りを持つことができなければ、お

客様にそれが伝わります。

② 英語はあまり得意ではありませんでしたが、努力して克服しました。

③ 貴社では大学で学んだことを、生かせるのではないか / 生かせると思います。

④ コンビニエンスストアなどでのアルバイトの経験があります。

⑤ 不注意で大きな失敗をしてしまったことがありますので、慎重に取り組むようにしています。

やってみましょう ------------------- 100

① さらに

② が / そこで

③ なぜなら

④ つまり

⑤ 一つ目

⑥ 例えば

やってみましょう ------------------- 102

① 将来の夢は、日本一の営業マンになることです。

② 休日は英会話学校に行ったり、読書をしたりして過ごします。

③ 日本語専攻者だからといって、日本語が上手に話せるとは限りません。

④ 日本に行ったとき、親切な人々のおかげで日本に興味を持つようになりました。

⑤ 私の希望は営業職です。なぜなら、人と接することが好きだからです。

やってみましょう ------------------- 104

私が大学時代力を入れて取り組んできたことは、水泳サークルの代表として活動をまとめてきたことだ。サークル自体は1年生から始めたが、 3年生になってからは代表を務めることになった。就任当初は入部して間もない後輩たちのやる気のない態度に戸惑った。そこで私は、まず自分が行動で示すことが大事だと考え、練習のある日は誰よりも早く行き、情熱的に取り組むようにした。こうした努力のおかげだろうか、後輩の態度も少しずつ積極的になり、活動全体のまとまりも出てきた。

① 自信
② 関心
③ 課程 / 修了
④ 直したい
⑤ 対象
⑥ 収集
⑦ 鑑賞
⑧ 意思

総合問題 108

1
① 学科
② 努めました
③ 収集
④ そのため
⑤ また
⑥ とはいえ
⑦ より
⑧ なぜなら
⑨ ずいぶん
⑩ 忘れない

2
① 試験には万全のコンディションで臨めるように、体調管理を徹底して行った。
② 私はこの企業に入って、自分の長年の夢をかなえたいと思っています。
③ 日本語がどんどん上手になった。/ 日本語の実力がどんどん伸びだ。
④ この経験を通じて学んだことは、責任感が大事であるということだ。/ この経験を通じて、責任感が大事であると痛感した。
⑤ 何かアイディアがひらめいたときに、すぐにメモしておけるよう小さなノートを持ち歩くようにしています。
⑥ 日本へ留学したばかりの頃、まだ日本語が下手で失敗してしまったことがあります。

⑦ サークル活動と授業や資格のための勉強を両立させるのは大変だったが、そのおかげで時間管理がうまくできるようになった。/ サークル活動と授業や資格のための勉強を両立させるのは大変でしたが、そのおかげで時間管理がうまくできるようになりました。
⑧ ４年間、どれほど疲れていても、決してサークルの活動を休みませんでした。そのおかげで、皆勤賞を受賞しました。

第3章 面接対策

第2課 面接の日本語

① 人事部の角田さんはいらっしゃいますか。
② はい、では明日の午後３時にそちらへ参ります / 伺います。
③ 先ほど、李さんがおっしゃった意見に私も同意いたします。
④ 御社のパンフレットを拝見しました。
⑤ あちらの受付で伺いました。

＜尊敬語＞
① お読みになる
② お聞きになる
③ お話しになる
④ お使いになる
⑤ お帰りになる
⑥ お出かけになる
⑦ 席をお外しになる
⑧ ご出発になる
⑨ ご説明になる
⑩ ご出席になる

＜謙譲語＞
① お読みする
② お聞きする
③ お話しする

④ お渡しする

⑤ お送りする

⑥ お持ちする

⑦ お探しする

⑧ ご連絡する

⑨ ご紹介する

⑩ ご案内する

やってみましょう ---------------------------- 150

① 僕 → 私(わたくし)

② 社長様 → 社長、社長の〇〇様

③ 人事部長の角田様

④ おじいさん → 祖父

⑤ 貴社 → 御社

やってみましょう ---------------------------- 152

① 本日はよろしくお願いいたします。

② さきほどもお話ししたように、

③ のちほどこの書類にサインをしておきます。

④ 中国語も少々できますが、日常会話程度です。

⑤ 日本は物価が高いです(よね)。

⑥ そのため、留学時代とても大変でした。

やってみましょう ---------------------------- 154

① お手数をおかけしますが

② 恐れ入りますが

③ まことに残念ですが

④ 差し支えなければ

⑤ せっかくですが

やってみましょう ---------------------------- 156

① もう一度お確かめいただけますでしょうか。

② 少々お待ちいただけますでしょうか。

③ お電話が遠いのですが、もう少し大きい声でお話しいただいてもよろしいでしょうか。

④ ご連絡はいついただけますでしょうか。

⑤ 頂戴いたします。

⑥ ひとつご質問させていただいてもよろしいでしょうか。

総合問題　　　　　　　　　　　158

1

① 申しておりました

② おっしゃった

③ お送りします

④ 存じ上げません

⑤ 見る

⑥ させていただきます

⑦ お話し

⑧ 恐れ入りますが

⑨ 御社

⑩ 韓国

2

① 少々お待ちいただけますか。

② 私の父のような人になりたいと思っています。

③ では、明日の10時に伺います。

④ 御社は伝統もありますし、すばらしい技術力を持っています。ですから、是非御社で仕事がしたいと思っています。

⑤ 隣の方がさきほどそうおっしゃいましたが、私もそう思います。

⑥ お手数をおかけしますが / よろしければ / 恐れ入りますが、面接会場の位置を教えていただけますでしょうか。

⑦ こちらまでは、バスで1時間ほどかかります。

⑧ それでは、失礼いたします。

第3課 面接のマナー

やってみましょう ---------------------------- 163

①

・ポケットがふくらんでいる

・ネクタイが曲がっている

・ヘアースタイル(髪が寝ぐせがついている / ボサボサ)

・スーツの上下の色があっていない(ジャケットがカジュアルすぎる)

・シャツの一番上のボタンをはずしている

②
・かばんが白い
・スカートが短すぎる
・ピアス(イヤリング)、ネックレスなど、アクセサリー
　が派手
・ヘアースタイル(前髪をピンで留め、後の髪を一つ
　にまとめる)
・ジャケットのしわと汚れが目立つ

やってみましょう ----------------------------- 165
① 目線：面接官の目を時々見る
② 笑顔：軽く微笑んでいるようにする
③ 声：はっきりと聞き取りやすい声で話す

やってみましょう ----------------------------- 169
会釈：A，D
敬礼：E，F
最敬礼：B，C

やってみましょう ----------------------------- 173
① 大学名、名前、面接時間
② 失礼いたします
③ 本日はどうぞよろしくお願いします
④ 失礼します
⑤ ありがとうございました
⑥ 失礼しました

ことば

第1章 自己分析

頑固　완고
がん　こ

責任感がない　책임감이 없다
せきにんかん

無責任　무책임
む　せきにん

賃金　임금
ちんぎん

練り上げる　잘 다듬다, 만들어내다
ね　あ

余暇　여가
よ　か

索引

や

ら

就職活動体験記1（インターンシップ編）

氏名：ク・ボナ
業種：外資系ホテル
就職時期の年齢：満23歳

● インターンシップから一歩ずつ夢に近づく

　私は現在大学4年生の1学期目ですが、就職活動について考えた結果、「日本のホテルで働こう」と決めました。しかし、最初から正社員として就職するのは難しいかもしれないと考え、まずはインターンシップから挑戦し、正社員になる足がかりにすることにしました。

　韓国と違って日本は、就職前に大学生がインターンシップに参加する事はあまり多くないため、一般的な就職関連サイトでは日本のホテルに関するインターンシップ情報を見つけることはできません。そこで、日本にある大手ホテルのホームページを自分でひとつずつチェックし、「ダメで元々」の気持ちでインターンシップとして受け入れていただけないか、お願いしていくことにしました。

　世界的に展開している大手のホテルチェーンでは、人事部のサイトに入ろうとすると、全世界共通の英語サイトにリンクが飛んでしまい、日本の人事部の方にスムースに連絡するのが難しく見えました。そこで、人事サイトから問い合わせるのではなく、各ホテルの「お客様お問い合わせ窓口」にあるメールアドレスに連絡をし、人事部の方に取り次いでもらうようお願いする形を取りました。最初にお送りしたメールには、自分が日本での就職のためにインターンシップを希望していることを書き、簡単な自己紹介と経歴や資格について記入した履歴書（A4用紙2ページ分）を添付して送りました。

● インターンシップ採用までの流れ

　採用通知をいただいたホテルについてお話しすると、インターンシップのお願いのメールを出してからすぐに人事部の方から「どんな仕事がしたいかなど、もっと詳しく聞きたい」と返事が来たので、詳しい内容をメールで返信しました。その後、スカイプで面接を受けましたが、その時は「なぜ日本で働きたいのか」「英語の実力はどの程度か」「ホテルに関心を持っている理由は何か」といった基本的な質問を受けました。敬語に不安がありましたが、大学の日本人の先生から「無理やり敬語を使おうとして緊張したり失敗したりするよりは、丁寧に話すようにすれば大丈夫だ」と言われ、決まったフレーズだけ敬語を暗記しておくようにして、あとは「です・ます」で自然に話すようにしました。

その後、直接面接を受けるために東京へ行くことになりました。そこではまず人事部の方と15分間1対1で面接をしました。ホテルの内部を案内していただきながら、「ここはあなたに合うと思いますか」「実際にホテルを見て働きたいと思いますか」などについて聞かれました。

　同じ日にすぐ、感じの良い女性の部長の方と面接をしました。そこでは「日本に留学していた時にどんなアルバイトをしたか」「留学中にできた日本人の知り合いとは今でも連絡をしているか」「自分自身の性格をどう思うか」などを聞かれましたが、雑談のような話をしていく中で、自分自身についての情報を色々と話した感じです。私は日本に留学中、映画館や化粧品店などで接客のアルバイトをしていましたので、「人と接するのが本当に好きで、明るくフレンドリーなのが取り柄だ」ということをアピールしました。

　部長との面接が終わった後、更に2人の社員の方と面接をしました。面接官のうち1人は欧米の方で、英語で話すよう指示されました。「日本のどんなところが好きか」「和食の中で一番好きなものは何か」といった軽い質問から、「なぜ日本で働きたいのか」「受けたのはこの会社だけか」「もし韓国支社勤務になったらどうしますか」といった質問まで幅広く聞かれました。ちなみに私は数社同時に受けていましたが、もちろん「御社しか受けていません」「自分の日本語能力を活かして日本で働きたいので、韓国ではなく日本を選びます」と答えました。長い一日でしたが、無事に採用していただけることになり、本当に安心しました。これで「日本のホテルで働きたい」という自分の夢に大きく一歩近づけた気がします。

● 積極的にチャレンジすることの大切さ

　日本では3つのホテルで面接を受けましたが、全てのホテルで言われたのは「あなたのように自分から積極的にインターンシップを願い出てくる外国人の学生は初めてだ」ということです。積極的な姿勢を高く評価していただきました。「ダメで元々」「当たって砕けろ」の精神で、ポジティブに挑戦することが大切なのだと思います。

　私は日本語が特別に上手なわけではなく、私以上に上手な学生は大勢いると思います。英語も簡単な会話はできますが、決して得意ではありません。けれども、自分達と一緒に働いていくには十分なレベルだと日本のホテルの方々は判断してくださったのだと思っています。つまり、決して能力的にはパーフェクトでなくても、ある一定レベル以上あれば十分だということ、後は努力と前向きな姿勢で補うことができます。ですから皆さんも、完全に準備できるまでは就職できないと考えるのではなく、現在持っている能力で最大限の力が出せる場所を探して頑張ってください。私も夢に向かってこれからも努力し続けます。

就職活動体験記2（新卒編）

氏名：ジョン・ギョンフン
業種：日系大手メーカーソウル支社
就活時期の年齢：満25歳

● 夢と目標をしっかりと持つ

　私は高校生の時から「外国語を使って仕事がしたい」「世界を股にかけて商品を売買するような仕事がしたい」という夢を強く持っていました。そのため、大学時代に日本語・英語・中国語を勉強し、不自由なく使えるレベルまでマスターしました。

　大学時代に2度、日本に留学しましたが、その時は日本の大手電気会社2社でインターンシップも体験しました。インターンシップは企業のホームページの他、大学の掲示板などに情報が載っています。今の会社に入社した時もそうでしたが、とにかく情報収集が成功のカギだと思います。できるだけ多くのリクルートサイトに登録しておくことをオススメします。

● 自己分析の重要性

　就職活動ではいくつかの企業を受験しましたが、全てで共通していたのは「自己分析の重要性」でした。最初に自己分析をしっかりとしていないと、面接官に何か難しい質問をされた時にすぐに気持ちが揺らいでしまいますし、気持ちが揺らぐと話にも一貫性がなくなりますから説得力がなくなります。一緒に受験した学生達の中でも、これができていない人が思いのほか多かったので、皆さんも何よりも先に自己分析をしっかりするようにしてください。就職活動の際は自分を「商品」だととらえ、企業に自分という商品をどのように売り込んだらいいのか、企業にとって自分を採用するメリットをキチンと提示できるように準備しておかなければいけません。

● 就活の流れ

　まず、履歴書とエントリーシートを提出しました。書類には「語学能力」「この会社で何がしたいのか」「なぜこの部署を希望するのか」「人生の最終目標は何か」といったことを書きました。書類が通過した後は面接を3回行いました。韓国人学生にとっては日本で就職活動を行う方が韓国で行うよりもずっと有利だと思います。特に私はソウル以外の地方大学出身で、韓国企業での就活では不利な面もありましたので、実力第一で見てくれる日本企業を狙ったのは、自分にとって非常に賢明な選択だったと思っています。

一次面接は日本人の面接官３人、学生１０人で行われ、最初に立ったまま一人一分間ずつ自己紹介をさせられました。自己紹介は自分が使える言語を全て使って行うよう指示されました。しどろもどろしていると途中で退出するように言われるという厳しいもので、１０人の学生全員が終わる頃には５人に減らされていました。残った５人で「大学時代の思い出」「この会社を選んだ理由」を話し、一次面接は終わりました。

　二次面接は３０分間のグループディスカッションでした。５人の学生が用意された５つの質問の中から１つを選択し、自分達で「司会」「賛成派」「反対派」に分かれ、好きな言語でディスカッションをするよう指示されました。個人的には司会を選択するのが一番やりやすいので、ディスカッションの時はいつも司会をすると申し出るようにしています。私達は「この会社は他社に勝てるか」というテーマを選択し、日本語で進行しました。個人的な感想ですが、ディスカッションでは何を話すか以上に、人とのバランスの取り方や話に一貫性があるかを見られていたように感じます。

　最終の三次面接は面接官３人に学生２人で１５分間行われました。「週末にすること」「自分の強み」「どんな人間になりたいか」といった、ごく普通の質問をされました。少しジョークを混ぜながら、和やかな雰囲気で話すことができたと思います。

　結局、私が受験した時は１万人以上の応募があり、その中から１０人が採用されたそうです。数字だけ聞くと狭き門ですが、それでも合格する人は合格します。日本語、英語などの語学力をしっかりと身につけておくこと、そして自己分析や企業研究を徹底的に行い、ある程度予想される質問についてはいくつかの言語でスムーズに答えられるよう暗記しておくことなどをオススメします。

就職活動体験記3（新卒編）

氏名：オ・ミンへさん
業種：日系重工業会社営業部
就職時期の年齢：満25歳

● 学生生活

　中学生の頃から日本語を勉強していましたが、大学では当時最も興味を持っていた地理を専攻し、日本語は副専攻として学び続けました。日本への交換留学を目指したものの2年連続で不合格だったため、2年間休学して英語を中心に中国語やパソコンの勉強に邁進した後、アメリカに交換留学で行きました。アメリカの大学では日本文化サークルに所属し、世界各国の学生達と交流するなど充実した日々を過ごしましたが、戻ってきた頃には同い年の友人たちは皆卒業してしまっている状態で、焦りを感じました。

● 就職活動

　帰国後はすぐに就職のため、自己分析、就職関連セミナー・説明会・博覧会での情報収集、履歴書を書くことなど基本的なことから準備を始めました。自己分析の過程では「本当にこれは私がしたいことなのか」「私に合っているのか」と何度も自分自身に問いかけました。専攻が文系なので、営業または外国語能力を生かした海外営業と単純に考えていましたが、それに関しても常に迷いがありました。この頃は履歴書を出しても面接まで行くことなく、ことごとく書類審査の段階で落とされました。一度就職活動を中断し、冬休みを利用して韓国内の衣類貿易会社でインターンとして働く機会を得ました。その会社では人にも恵まれ、現場での業務内容から業界の流れなど多くのことを教えて頂きました。営業や海外営業に関する仕事内容について現場から具体的に学べる貴重な経験となっただけでなく、自分が何をすべきなのか更にはっきりと分かりました。インターン終了後、就職活動を再開しましたが、思った以上に現実は厳しくこの時も全て落ち続けました。再び立ち止まり、自己分析に立ち戻ることにしました。その時に、「日本が好きで、日本と関連した仕事がしたい」という確信を得て、日本関連企業のみに集中して履歴書を出すことに決めました。

● 採用までの流れ

　「世界海外就業博覧会」というものがあることを大学の就職支援チームからの連絡で知り、この頃から、日本現地での就職を視野に入れ始めました。この段階では、すでに韓国語と日本語の履歴書を完璧に作ってある状態でした。博覧会の前に２０ほどの日本企業に履歴書を提出し、博覧会ではその内５つの会社の面接を受けることができました。その後、２つの会社から内定をもらうことができました。どちらも他の会社に比べ、半ば諦めた気楽な状態で臨んだ面接だったので、少し意外でした。面接では、履歴書の内容と自己紹介書の内容から深く質問をされました。たとえば、「サークル活動の中で何が大変だったか」「日本語をどうして学び始めたのか」「日本に就職したい理由は何か」「中国語はどのくらいできるのか」「２次面接を日本まで受けに来ることは可能か」など、今考えてみたら実際の場合を想定し、適応して働けるかどうかを調べるための質問でした。面接の３０分後、２次面接に来るよう連絡を受けました。２次面接は東京本社で行われました。２次面接に備え、模擬面接練習や予想質問への回答を暗記するほど練習しました。練習には、大学の就職支援チームのサポートを積極的に利用しました。面接は２時間ほどで、始めの１時間は志望部署の部長クラス役員の５人と人事部の職員１人の６対１でした。記憶に残ったのは「なぜ日本なのか」という質問です。英語、中国語能力があるにも関わらず、なぜ日本企業への就職を希望するのかについては、やはり深く尋ねられました。その他には「３年、５年、１０年後のキャリアプランについて」「日本語スピーチ大会に出場した際のスピーチの内容」「上司と意見が食い違った場合の対処法」「日本生活に適応するための自分なりの方法」「韓国人として会社に寄与できること」「営業職を志願する理由」などの質問を受けました。最後に人事部の総括部長と人事部職員との２対１の面接を受けました。主に性格に関することや卒業論文の内容について、かなり細かく聞かれました。その翌週に最終合格通知を受け、春(４月)から日本で働けることになりました。

● 成功の秘訣

　私は卒業までにずいぶんと時間がかかってしまいましたが、留学やインターン、言語能力を証明する資格など、ブランクの間に自分がしてきたことをしっかりと証明できるものがあったのがよかったと思います。多少遠回りはしたけれども、「日本が好きで、日本と関連した仕事がしたい」という意志の強さや、既にインターンで営業の知識や経験があるといった長所を生かした就職活動ができたのも良かったと思います。就職活動の過程で何度も挫折を味わいましたが、そのたびに自己分析に立ち戻り、自分自身について、また将来のビジョンについてより真剣に考え、それらを明確にするきっかけになりました。皆さんも就職活動が上手くいかず苦しい時期があるかもしれませんが、成功を信じてがんばってください。

就職活動体験記4（転職編）

氏名：キ・ウニョン
業種：日系筆記具会社
就職時期の年齢：満27歳

● 転職経験をプラスに働かせる

　大学卒業後、3年間韓国にある日系の電気系会社で働いた後退職し、日本へ渡って日本の企業で1年半勤務。その後、韓国に帰国して現在の日系筆記具会社に転職しました。日本では短い期間で転職を繰り返すことは韓国以上にマイナス視されます。私も面接で「どうして前職を辞めたのですか」といった質問もされましたが、後ろ向きの気持ちで辞めたわけではなく、更にステップアップするために職場を移りたいのだということをアピールするようにしました。現在の職場では営業サポートを募集していたのですが、私の場合は前職でも代理店管理及びデータ分析などの営業サポートを行ってきた経験があったこと、就職してから一貫して日本語で業務を行ってきたという実績もありましたので、その2つを活かせる現在の職場に応募したのは自然な流れでしたし、説得力を持たせて話せたと思います。

● 採用までの流れ

　転職活動というのは、新卒での就職活動に比べてあっという間に採用が決まります。私の場合、日系企業を専門に扱っている韓国の就職情報サイトで採用情報を見つけて応募してから、約2週間で採用が決定しました。

　書類選考に通った後、面接は面接官3人に対して学生1人で1度だけ行われました。聞かれた項目は、「前職でやっていた業務」「日本語学習のきっかけ」「日本語学習の方法」などです。質問された項目としてはベーシックなものが多かったのですが、話していくうちに自然と色んな情報が引き出された気がします。履歴書やエントリーシートに書いた内容についても質問を受けましたので、アピールしたい点があれば、最初からキチンと書類に記載しておくことも大切だと思います。

● 自己アピールは記憶に残るようにする

　エントリーシートの作成には特に時間をかけました。独りよがりな内容にならないよう、同年代の日本人の友達に見てもらったり、年代も性別も異なる韓国人の中年の方に見ていただいたりしました。読んでくれた人達から言われたことは、「あなたは元気が売りだね」ということです。自分で「こうだろう」と思っていたことも、改めて人からアドバイスをもらうことで更に意識し自信が持てるようになると思います。

エントリーシートには大学で取り組んだ活動についてなどを書きましたが、私は大学時代に社交ダンスをやっていましたので、そのことについて書きました。社交ダンスをする人はまだまだ少ないせいか、この趣味は面接の時も興味を持って質問されました。社交ダンスは、ただスポーツとして楽しいだけではなく、ペアで踊るものなので「パートナーシップ」が非常に大切になってきます。この趣味と営業サポートという職種を結びつけ、「学生時代からパートナーシップ、人との協働に留意して努力してきた自分は、御社での業務もきっちり遂行していく自信がある」とアピールしました。

特別な経験や技能がなくても、自己アピールは可能だと思います。例えば私の名字は「기」ですが、この名字の響きから日本では「キティ」というニックネームで呼ばれていました。そこで、「このニックネームのように、私もキティちゃんみたいな人間になりたいと思う」とアピールしました。キティには口がありませんが、皆さんはその理由を御存知でしょうか。キティの口は、見る人自身で付けて欲しい、という理由で付いていないのだそうです。「あなたがキティに楽しい話をすればキティは笑顔で答えてくれる。悲しい話をすればキティは慰めてくれる」…常にニュートラルな状態でいられるよう、キティには口が付いていないのです。このように私も他人の気持ちに沿って一緒に泣いたり笑ったりしてあげられる人間になりたい、と話しました。「他人の気持ちが分かる人間になりたい」というアピールの仕方なら五万とあると思いますが、そこに自分のニックネームとキティの誕生秘話を絡めたことで、聞き手に強い印象を残す話になっているとよく言っていただいたエピソードです。

● 合格の秘訣

人それぞれ個性は違いますし、企業との相性もあるので一概には言えませんが、私自身の合格の秘訣をお話しするなら「笑顔、明るさ」だと思います。面接の時は、常に笑顔でいるように注意しました。友人から「ミスコリアになったつもりで受けるといい」とアドバイスされていたので、自分もミスコリアになったつもりで笑顔で楽しく話すよう心がけました。どうしても緊張する場合は、「ここが最後じゃない、まだまだチャンスはある」と考えると、ふっと緊張が和らぎますので参考にしてみてください。

それから面接で話す際に気をつけたのは語尾を中途半端に終わらせず、最後までキチンと「〜です」「〜ます」とハッキリ話して終わらせるということです。その方が自信を持って誠実に話している印象が与えられると思います。

2度の転職活動を経て辿り着いた今の会社ですが、サポート業務からマーケティング業務に異動になり、本当に楽しく充実した毎日を送っています。皆さんも自分に合った仕事に就けるよう、頑張ってください。

취업 활동 체험기 1 (인턴십편)

이름 : 구본아
업종 : 외국계 호텔
취업 활동 당시 연령 : 만 23세

● 인턴십으로 시작해 한 발씩 꿈을 향해 다가가다

저는 현재 대학 4학년 1학기 째입니다만, 취업 활동에 대해 고민한 결과, '일본 호텔에서 일하자'고 정했습니다. 그러나 처음부터 정사원으로 취직하는 것이 어려우리라고 판단하여, 우선은 인턴십에 도전해 정사원으로의 디딤돌로 삼기로 했습니다.

한국과 달리 일본은 취직 전에 대학생이 인턴십에 참가하는 일이 별로 많지 않기 때문에, 일반적인 취직 관련 사이트에서는 일본 호텔에 관한 인턴십 정보를 찾는 것이 불가능합니다. 그래서 일본에 있는 큰 호텔 홈페이지를 스스로 일일이 확인하고, '밑져야 본전'이라는 마음으로 인턴십으로 받아 줄 수 없는지 부탁하기로 했습니다.

세계적 대형 호텔 체인은 인사부 사이트에 들어가려고 하면, 전 세계 공통인 영어 사이트로 링크가 되어 있어, 일본 인사부 담당자에게 순조롭게 연락하기 어려워 보였습니다. 그래서 인사부 사이트에서 문의하지 않고, 각 호텔의 '고객 문의 창구'에 있는 메일 주소로 연락하여, 인사부 담당자에게 메일을 전해달라고 부탁하는 방식을 택했습니다. 처음에 보낸 메일에는 자신이 일본에서 취직하기 위해 인턴십을 희망하고 있다는 내용을 적고, 간단한 자기소개와 경력이나 자격 에 대해 기재한 이력서(A4용지 2페이지 분량)를 첨부해 보냈습니다.

● 인턴십 채용까지의 과정

합격 통지를 받은 호텔에 관해 이야기하자면, 인턴십을 부탁하는 메일을 보낸 후 바로 인사부 담당자에게서 '어떤 일이 하고 싶은지 등 좀 더 자세한 이야기를 듣고 싶다'는 답장이 왔기 때문에 자세한 내용을 적어 메일로 답신했습니다. 그 후 스카이프로 면접을 봤습니다만, 그때는 "왜 일본에서 일하고 싶은가?" "영어 실력은 어느 정도인가?" "호텔에 관심이 있는 이유는 무엇인가?"하는 기본적인 질문을 받았습니다. 경어에 자신이 없어 불안했지만, 대학의 일본인 교수님께서 "무리하게 경어를 쓰려다가 긴장하거나 실수하기보다는 정중하게 이야기하면 괜찮다."라는 어드바이스를 해주셨기 때문에, 정해진 문구의 경어만 암기해 두고 나머지는 「です・ます」를 붙여 자연스럽게 이야기했습니다.

그 후 직접 면접을 보기 위해 도쿄로 가게 되었습니다. 그곳에서는 우선 인사부 담당자분과 15분간 1대1로 면접을 봤습니다. 호텔 내부를 안내받으며 "이곳은 당신과 맞는다고 생각합니까?" "실제로 호텔을 보고 일하고 싶다는 생각이 듭니까?" 등에 대해 질문을 받았습니다.

같은 날에 바로 느낌이 좋은 여성 부장님과의 면접도 치러졌습니다. 거기에서는 "일본 유학 시절 어떤 아르바이트를 했는가?" "유학 중에 알게 된 일본인 지인과는 지금도 연락을 하는가?" "자신의 성격을 어떻다고 생각하는가?" 등의 질문을 받았습니다. 잡담 같은 이야기를 하는 와중에 자신에 대한 정보를 여러 가지 말한 느낌입니다. 저는 일본 유학 중 영화관과 화장품 가게 등에서 접객 아르바이트를 했기 때문에 '사람과 접하는 것을 정말 좋아하고 밝고 친절한 것이 장점이다.'라고 어필했습니다.

부장님과의 면접이 끝난 후 또 사원 두 사람과 면접을 했습니다. 면접관 중 한 사람은 서양사람이어서 영어로 말하라는 지시를 받았습니다. "일본의 어떤 점이 좋은가?" "일본 음식 중에서 가장 좋아하는 것은 무엇인가?" 하는 가벼운 질문부터 "왜 일본에서 일하고 싶은가?" "우리 회사만 응시했는가?" "만약 한국에 있는 지사에서 근무해야 한다면 어떻게 하겠는가?" 하는 질문까지 폭넓은 질문이었습니다. 덧붙이자면 저는 몇 개 호텔을 동시에 지원했습니다만, 물론 "이 회사에만 응시했습니다." "자신의 일본어 능력을 살려 일본에서 일하고 싶기 때문에 한국이 아닌 일본을 선택했습니다."라고 대답했습니다. 기나긴 하루였습니다만, 무사히 채용이 결정되어 정말 안심했습니다. 이로써 '일본 호텔에서 일하고 싶다'는 자신의 꿈에 크게 한 발자국 다가간 기분입니다.

● **적극적인 도전이 중요**

일본에서는 세 개 호텔의 면접을 봤습니다만, 모든 호텔에서 들은 이야기는 "당신처럼 적극적으로 인턴십을 하고 싶어하는 외국인 학생은 처음이다."라는 것이었습니다. 적극적인 자세를 높이 평가해 주었습니다. '밑져야 본전' '안되더라도 한 번 해보자'의 정신으로 적극적으로 도전하는 것이 중요하다고 생각합니다.

제가 일본어를 특별히 잘하는 것도 아니고, 저 이상으로 잘하는 학생은 얼마든지 있다고 생각합니다. 영어도 간단한 회화는 가능하지만, 절대 잘하지는 않습니다. 그렇지만 자신들과 함께 일하기에 충분한 레벨이라고 일본 호텔 분들은 판단해 주셨던 것 같습니다. 즉, 결코 능력적으로 완벽하지는 않더라도 일정 수준 이상이라면 충분하다는 것, 그다음은 노력과 적극적인 자세로 충분히 보완할 수 있습니다. 그러므로 여러분도 완전히 준비될 때까지 취직할 수 없다고 생각하지 말고, 현재 가지고 있는 능력으로 최대한의 힘을 발휘할 수 있는 장소를 찾아 노력하십시오. 저도 꿈을 향해 앞으로도 계속 노력하겠습니다.

취업 활동 체험기 2 (신규 졸업자편)

이름 : 정경훈
업종 : 일본계 대기업(제조업) 서울 지사
취업 활동 당시 연령 : 만 25세

● 꿈과 목표를 확실히 갖는다

저는 고등학생 때부터 '외국어를 구사하는 일을 하고 싶다' '세계를 무대 삼아 상품을 사고파는 일을 하고 싶다'는 꿈을 강하게 갖고 있었습니다. 이를 위해 대학 시절에 일본어 · 영어 · 중국어를 공부해 불편함 없이 말할 수 있는 수준까지 마스터했습니다.

대학 시절에 두 번 일본에 유학을 다녀왔습니다. 그때 일본 대기업 전기회사 두 곳에서 인턴십의 경험도 쌓았습니다. 인턴십은 기업 홈페이지 및 대학 게시판 등에 정보가 실려있습니다. 지금 회사에 입사했을 때도 그랬지만, 무엇보다 정보 수집이 성공의 열쇠라고 생각합니다. 가능한 많은 취업 정보 사이트에 등록해 두는 방법을 권합니다.

● 자기분석의 중요성

취업 활동을 하면서 몇 군데 기업의 입사시험을 치렀습니다만, 모든 곳에서 공통으로 느낀 것은 '자기분석의 중요성'이었습니다. 무엇보다 가장 먼저 자기분석을 제대로 해두지 않으면, 면접관에게 어려운 질문을 받았을 때에 바로 마음이 동요되고, 마음이 동요되면 이야기에도 일관성이 없어져 설득력이 떨어집니다. 함께 시험을 치른 학생 중에도 '자기분석'이 되어 있지 않은 사람이 뜻밖에 많았기 때문에, 여러분도 무엇보다 먼저 자기분석을 확실히 하기 바랍니다. 취업 활동에서는 자신을 '상품'으로 인식하고 기업에 자신이라는 상품을 어떻게 팔면 좋을지, 기업에서 자신을 채용하면 어떤 점이 좋은지 명확하게 제시할 수 있도록 준비해 두어야 합니다.

● 취업 활동 과정

우선 이력서와 엔트리시트를 제출했습니다. 서류에는 '어학 능력' '이 회사에서 무엇을 하고 싶은가?' '왜 이 부서를 희망하는가?' '인생의 최종목표는 무엇인가?'와 같은 내용을 적었습니다. 서류 통과 후에는 면접을 세 차례 봤습니다. 한국인 학생은 일본에서 취업 활동을 하는 것이 한국에서 하는 것보다 훨씬 유리하다고 생각합니다. 특히 저는 서울 소재가 아닌 지방 대학 출신이라서 한국 기업에서의 취업 활동에서는 불리한 면도 있었기 때문에 실력을 우선으로 봐주는 일본 기업을 목표로 삼은 것은 대단히 현명한 선택이었다고 생각합니다.

1차 면접은 일본인 면접관 세 명에 학생 열 명으로 이루어졌고, 처음에는 선 채로 한 사람씩 1분간 자기소개를 해야 했습니다. 자기소개는 자신이 사용할 수 있는 언어를 모두 사용하라는 지시를 받았습니다. 횡설수설하면 도중에 면접관이 즉석에서 나가라고 하는 엄격한 분위기 속에서 처음에는 열 명이었던 학생이 나중에는 다섯 명으로 줄었습니다. 남은 다섯 명이 '대학 시절의 추억'과 '이 회사를 선택한 이유'를 말하고 1차 면접은 끝났습니다.

2차 면접은 30분간의 그룹 토론이었습니다. 학생 다섯 명이 준비된 다섯 가지 질문 중 하나를 선택해 자신들끼리 '사회' '찬성파' '반대파'로 나누어 좋아하는 언어로 토론하라는 지시를 받았습니다. 개인적으로는 사회를 선택하는 것이 가장 하기 쉬우므로 토론 시에는 항상 사회를 보겠다고 나섭니다. 우리는 '이 회사가 다른 회사를 이길 수 있을까?'라는 주제를 선택해 일본어로 진행했습니다. 개인적인 느낌이지만 토론에서는 무엇을 말하는지 이상으로 다른 사람과 균형을 맞추는 법이나 이야기에 일관성이 있는가를 보고 있는 듯했습니다.

마지막으로 3차 면접은 면접관 세 명에 학생 두 명이 15분간 봤습니다. '주말에 하는 일' '자신의 강점' '어떤 사람이 되고 싶은가?' 등의 지극히 평범한 질문을 받았습니다. 농담을 조금 섞어가며 화기애애한 분위기에서 이야기를 나눴습니다.

제가 시험을 치렀을 때는 수험생이 만 명 이상 몰렸고, 결국 그중에서 열 명이 채용되었다고 합니다. 숫자만 들으면 대단히 좁은 문이지만 그래도 합격할 사람은 합격하게 마련입니다. 일본어, 영어 등 탄탄한 어학 실력을 쌓아 둘 것, 그리고 자기분석과 기업연구를 철저히 해서, 어느 정도 예상되는 질문에 대해서는 몇 가지 언어로 자연스럽게 대답할 수 있도록 암기해 둘 것을 권합니다.

취업 활동 체험기3(신규 졸업자편)

성명 : 오민혜
업종 : 일본계 중공업 회사 영업부
취업 활동 당시 연령 : 만 25세

● 학창 생활

중학생 때부터 일본어를 공부했지만 대학에서는 당시 가장 흥미가 있었던 지리를 전공하고, 일본어는 부전공으로 계속 공부했습니다. 일본 교환 유학을 목표했지만 2년 연속 합격하지 못했기 때문에 2년간 휴학해서 영어를 중심으로 중국어와 컴퓨터 공부에 매진한 후, 미국으로 교환 유학을 갔습니다. 미국 대학에서는 일본 문화 동아리에 들어가서 세계 각국 학생들과 교류하는 등 알찬 나날을 보냈지만, 귀국할 때는 동기들이 모두 졸업한 상태여서 조급했습니다.

● 취업 활동:

귀국하자마자 취직을 하기 위해 자기 분석을 하고, 취업 관련 세미나나 설명회, 박람회에서 정보를 모으고 이력서를 쓰는 등 기본적인 것부터 준비하기 시작했습니다. 자기 분석 단계에서는 '이것이 정말 내가 하고 싶은 일일까?', '나에게 맞을까?'라고 몇 번이고 자문했습니다. 전공이 문과인지라 단순하게 영업이나 외국어 능력을 살린 해외 영업을 염두에 두었지만, 항상 망설여졌습니다. 그때는 이력서를 내도 면접까지 가지도 못하고 모조리 서류심사에서 떨어졌습니다. 일단 취업 활동을 중단하고 겨울방학 동안 한국 의류 무역 회사에서 인턴으로 일할 기회를 얻었습니다. 그 회사에서는 좋은 사람들을 만나서 현장 업무 내용부터 업계 흐름까지 많은 것을 배웠습니다. 영업이나 해외영업에 대한 업무 내용을 현장에서 구체적으로 배울 수 있는 귀중한 경험이기도 했지만, 제가 무엇을 해야 하는지 다시 한번 확실히 깨달았습니다. 인턴이 끝나고 다시 취업 활동을 시작했지만 현실은 생각보다 냉혹하여 계속 떨어지기만 했습니다. 저는 다시 멈춰 서서 자기 분석을 하기로 했습니다. 그때 '일본이 좋아서 일본과 관련된 일을 하고 싶다'는 확신을 얻고 일본 관련 기업만 집중해서 이력서를 내기로 결심했습니다.

● 채용되기까지의 과정:

　　대학교 취업지원팀에게 연락을 받고 '세계 해외취업 박람회'를 알게 되어 그때부터 일본 현지 취업을 시야에 넣기 시작했습니다. 이 단계에서는 이미 한국어와 일본어 이력서를 완벽하게 작성해 둔 상태였습니다. 박람회 전에 일본 기업 스무 곳 정도에 이력서를 제출하고 박람회에서는 그중 다섯 곳에서 면접을 봤습니다. 그리고 두 회사에 합격했습니다. 두 회사 다 다른 회사에 비해 반은 포기한 상태에서 본 면접이었던지라 조금 의였습니다. 면접에서는 이력서와 자기소개서 내용을 바탕으로 질문을 받았습니다. 예를 들어 '동아리 활동 중에 힘들었던 점은 무엇인지', '왜 일본어를 배우기 시작했는지', '일본에 취업하고 싶은 이유는 무엇인지', '중국어는 어느 정도 할 수 있는지', '2차 면접을 보러 일본에 올 수 있는지' 등, 지금 생각해 보면 실제로 일할 때를 가정하여 잘 적응해서 일할 수 있을지 가늠하기 위한 질문이었습니다. 면접이 끝나고 30분 뒤 2차 면접에 오라는 연락을 받았습니다. 2차 면접은 도쿄 본사에서 봤습니다. 2차 면접을 대비해 모의 면접 연습을 하고 예상 질문의 답변을 암기할 정도로 연습했습니다. 연습은 대학 취업지원팀의 서포트를 적극적으로 활용했습니다. 면접은 두 시간 정도였으며, 처음 한 시간은 희망 부서 부장급 임원 다섯 명과 인사부 직원 한 명으로 이루어진 6대 1 면접이었습니다. 기억에 남는 질문은 '왜 일본인가?'였습니다. 영어와 중국어를 할 수 있는데 왜 일본 기업에 취업하고 싶은지에 대해서는 역시 심도 있는 질문을 받았습니다. 그 외에도 '3년, 5년, 10년 후의 커리어 플랜에 대해서', '일본어 스피치 대회에 참가했을 때의 스피치 내용', '상사와 의견이 맞지 않을 때의 대처법', '일본 생활에 적응하기 위한 자신만의 방법', '한국인으로서 회사에 기여할 수 있는 것', '영업직을 지원한 이유' 등의 질문을 받았습니다. 그 후 인사부 총괄부장, 인사부 직원과 2대 1 면접을 보았습니다. 주로 성격과 졸업 논문에 대한 내용을 꽤 구체적으로 물어보았습니다. 그 다음주에 최종 합격 통지를 받고 봄(4월)부터 일본에서 일하게 되었습니다.

● 성공 비결:

　　저는 졸업하기까지 많은 시간이 걸렸지만 유학과 인턴, 언어 능력을 증명할 수 있는 자격증 등 공백 기간을 제대로 증명할 수 있었던 점이 좋았다고 생각합니다. 조금 먼 길을 돌아왔지만 '일본이 좋으니까 일본과 관련된 일을 하고 싶다'는 강한 의지와 인턴으로 얻은 영업 지식과 경험이 이미 있다는 장점을 살려 취업 활동을 한 점도 좋았다고 생각합니다. 취업 활동 과정에서 몇 번이고 좌절을 맛보았지만 그때마다 자기 분석 단계로 돌아가 자기 자신에 대해, 또 장래 비전에 대해 더욱 진지하게 생각하여 그런 것들을 명확하게 하는 계기로 삼았습니다. 여러분도 취업 활동이 잘 풀리지 않아 힘든 시기가 있을지도 모르겠지만 성공을 믿고 힘내시길 바랍니다.

취업 활동 체험기 4 (이직편)

이름 : 기은영
업종 : 일본계 필기구회사
취업 활동 당시 연령 : 만 27세

● 이직 경험을 잘 활용한다

대학 졸업 후 3년간 한국에 있는 일본계 전기회사에서 일한 후 퇴직하여 일본으로 건너가 일본 기업에서 1년 반 동안 근무. 그 후 한국에 귀국해 현재의 일본계 필기구 회사로 이직했습니다. 일본에서는 짧은 기간에 이직을 반복하는 것은 한국보다 더 마이너스입니다. 저도 면접 때 "어째서 전 직장을 그만두었습니까?"라는 질문을 받았습니다만, 소극적인 마음으로 그만둔 것이 아니라 한발 앞으로 나아가기 위해 직장을 옮기고 싶다는 점을 강조했습니다. 현재 직장에서는 영업 지원을 모집하고 있었는데, 제 경우에는 전 직장에서도 대리점 관리 및 데이터 분석 등과 같은 영업 지원을 했던 경험이 있다는 점, 취직하여 일관해 일본어로 업무를 해 왔다는 실적도 있었기 때문에 그 두 가지를 살려 현재의 직장에 응모한 것은 자연스러운 흐름이었고, 그 덕분에 설득력 있게 이야기할 수 있었습니다.

● 채용되기까지의 과정

이직 활동이라는 것은 대학을 졸업하자마자 하는 취업 활동과 비교하면 더 빨리 채용이 결정됩니다. 제 경우, 일본계 기업을 전문으로 하는 한국의 취업정보 사이트에서 채용정보를 보고 응모를 한 후 약 2주 만에 채용이 결정되었습니다.

서류 전형을 통과한 후 면접은 면접관 세 명에 면접자 한 명으로, 한 번만 치렀습니다. 면접관에게 받은 질문 항목은 '전 직장에서 하고 있던 업무' '일본어 학습의 계기' '일본어 학습 방법' 등입니다. 질문 항목치고는 기본적인 것이 많았는데, 말하면서 자연스럽게 여러 가지 정보가 드러난 것 같습니다. 이력서와 엔트리시트에 적힌 내용에 대해서도 질문을 받았기 때문에, 어필하고 싶은 점이 있다면 처음부터 서류에 명확하게 기재해 두는 것도 중요합니다.

● 자기 어필은 기억에 남도록

엔트리시트 작성에는 충분히 시간을 들였습니다. 독선적인 내용이 되지 않도록 동갑내기 일본인 친구에게도 봐달라고 했고, 나이도 성별도 다른 한국인 중년 분에게 봐달라고 했습니다. 읽어준 사람들에게서 들은 이야기는 '당신은 건강이 강점이군.'이라는 것이었습니다. 자신이 '이렇겠지.'라고 생각하던 것도 다시금 남에게 조언을 들음으로써 더욱 의식하게 되고 자신감을 갖게 된다고 생각합니다.

엔트리시트에는 대학에서 했던 활동 등에 대해 적었는데, 저는 대학 시절 사교댄스를 했기 때문에 그에 대해 적었습니다. 사교댄스를 하는 사람은 아직 그 숫자가 적은 탓인지 이 취미에 대해 면접 때도 면접관이 흥미를 느끼고 질문을 했습니다. 사교댄스는 단지 스포츠로 즐기는 것뿐만 아니라, 짝을 이뤄 춤을 추는 것이기 때문에 '파트너십'이 대단히 중요합니다. 이 취미와 영업 지원이라는 직종을 연결해 "학생 시절부터 파트너십, 사람과의 협동에 유의해 노력해 온 자신은 회사에서의 업무도 확실히 수행해갈 자신이 있다."고 강조했습니다.

특별한 경험이나 특기가 없더라도 자기 어필은 가능합니다. 예를 들어 저의 성은 '기'인데, 이 성에서 오는 느낌 때문인지 일본에서는 '키티'라는 별명으로 불렸습니다. 그래서 "이 별명처럼 저도 키티와 같은 사람이 되고 싶습니다."라고 어필했습니다. 키티는 입이 없는데 여러분은 그 이유를 알고 계시는지요? 키티의 입은 보는 사람이 스스로 그랬으면 하는 이유에서 입을 그리지 않았다고 합니다. '당신이 키티에게 즐거운 이야기를 하면 키티는 웃는 얼굴로 답해준다. 슬픈 이야기를 하면 키티는 위로를 해 준다.'…늘 중립적인 입장으로 있도록 키티에게는 입이 그려져 있지 않은 것입니다. 이처럼 저도 타인의 기분에 따라 함께 웃어주기도 하고 울어 주기도 하는 사람이 되고 싶다고 이야기했습니다. '타인의 마음을 이해하는 사람이 되고 싶다'는 식의 어필 방법은 얼마든지 있겠지만, 거기에 자신의 별명과 키티의 탄생 비화를 연결함으로써 듣는 사람에게 강한 인상을 심어주는 이야기는 많이 들었던 에피소드입니다.

● 합격 비결

인간의 개성은 각기 다르며 기업과의 궁합도 있기 때문에 일률적으로 말하기는 어렵습니다만, 저 자신의 합격 비결을 말하자면 '미소, 밝음'이라고 생각합니다. 면접 때는 늘 웃으려고 노력했습니다. 친구에게서 "미스코리아가 된 기분으로 면접을 치르면 돼."라는 조언을 듣고는 저도 미스코리아가 된 양 웃는 얼굴로 즐겁게 이야기하도록 주의를 기울였습니다. 그래도 긴장이 되는 경우에는 '이번이 마지막이 아니야. 아직도 기회는 있어'라고 생각하면 긴장이 풀렸기 때문에 여러분도 참고해 보시길 바랍니다.

그리고 어미를 도중에 흐리지 말고 마지막까지 확실하게 「~です」「~ます」를 붙여 말을 끝내야 합니다. 그편이 자신감을 갖고 성실하게 이야기하고 있다는 인상을 줍니다.

두 번의 이직 활동을 거쳐 다다른 지금의 회사입니다만, 지원 업무에서 마케팅 업무로 이동되어 정말 즐겁고 알찬 나날을 보내고 있습니다. 여러분도 자신에게 맞는 일을 할 수 있도록 분발하시기 바랍니다.

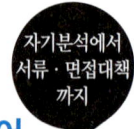

자기분석에서
서류·면접대책
까지

취업을 위한 **일본어**

지은이 스미 유리카, 오타 요시에
펴낸이 정규도
펴낸곳 (주)다락원

초판 1쇄 발행 2013년 9월 2일
초판 4쇄 발행 2024년 3월 22일

책임편집 송화록, 임혜련, 한누리, 손명숙
디자인 조화연, 박선영
일러스트 위싱스타

図 다락원 경기도 파주시 문발로 211
내용문의: (02)736-2031 내선 460~465
구입문의: (02)736-2031 내선 250~252
Fax: (02)732-2037
출판등록 1977년 9월 16일 제406-2008-000007호

ISBN 978-89-277-1096-7 13730

http://www.darakwon.co.kr

- 다락원 홈페이지를 방문하시면 상세한 출판 정보와 함께 동영상강좌,
MP3 자료 등 다양한 어학 정보를 얻으실 수 있습니다.